大道

从站起来、富起来到强起来

程冠军 主编

长江出版传媒
湖北教育出版社

（鄂）新登字 02 号

图书在版编目（CIP）数据

大道：从站起来、富起来到强起来 / 程冠军主编
. -- 武汉：湖北教育出版社，2021.2

ISBN 978-7-5564-4230-0

Ⅰ. ①大…
Ⅱ. ①程…
Ⅲ. ①中国特色社会主义－研究
Ⅳ. ① D610

中国版本图书馆 CIP 数据核字 (2021) 第 012600 号

大道：从站起来、富起来到强起来
DADAO CONG ZHANQILAI FUQILAI DAO QIANGQILAI

出品人	方　平	责任校对	刘慧芳
责任编辑	胡　源　杨　浩	责任督印	张遇春
版式设计	张　敏		

出版发行	长江出版传媒	430070　武汉市雄楚大道 268 号
	湖北教育出版社	430070　武汉市雄楚大道 268 号

网　　址　http://www.hbedup.com
经　　销　新华书店
印　　刷　北京文昌阁彩色印刷有限责任公司
地　　址　北京市大兴区芦城工业园创业路 3 号
开　　本　690mm × 980mm　1/16
印　　张　19.5
字　　数　165 千字
版　　次　2021 年 2 月第 1 版
印　　次　2021 年 2 月第 1 次印刷
书　　号　ISBN 978-7-5564-4230-0
定　　价　58.00 元

前 言

人间正道是大道

“大道之行也，天下为公。”2 000 多年前，《礼记 · 礼运》就提出了“大同”和“小康”之理想。从那时起，中华民族的仁人志士就在儒家思想的影响下，为中华民族的“大同”和“小康”梦而不懈求索。

2 000 多年来，一代又一代仁人志士以“穷则独善其身，达则兼济天下”的一腔情怀，以“富贵不能淫，贫贱不能移，威武不能屈”的青云之志，以“人生自古谁无死，留取丹心照汗青”的悲壮与豪迈，“先天下之忧而忧，后天下之乐而乐”。他们“为天地立心，为生民立命，为往圣继绝学，为万世开太平”，他们勇往直前、前赴后继，他们夙夜在公、愈挫愈奋……他们奋斗了 2 000 多年，始终没有实现中华民族美好朴素的梦想。由于生产力水平的低下和封建社会自身的局限性，任何一个封建王朝的盛世都无法达到大同与小康的理想境界，中华民族的美好梦想也只能化为可望而不可即的乌托邦。清末之后，中国遭遇“三千年未有之大变局”，并从此沦为半殖民地半封建社会，中华民族的美好梦想也因之魂飞梦断。

自从有了中国共产党，中国人民终于有了自己的主心骨，中国革命的面貌也因此焕然一新。中国共产党承载起实现中华民族伟大复兴的历史大任，经过近百年的求索，终于使久经磨难的中华民族迎来了从站起来、富起来到强起来的伟大飞跃。正是在这个过程中，中国共产党带领中国人民和中华民族走向了一条通往小康和大同的中国道路，这条道路就是中国特色社会主义道路，也是实现中华民族伟大复兴中国梦的中国道路。

习近平总书记指出：“从石库门到天安门，从兴业路到复兴路，我们党近百年来所付出的一切努力、进行的一切斗争、作出的一切牺牲，都是为了人民幸福和民族复兴。”从南湖红船到井冈山，从延安窑洞到西柏坡，从两万五千里长征到百年大党的新长征，中国共产党人用一次又一次的胜利和成功印证了中国道路是一条符合中国国情的发展道路。

站在时代的新起点上，回望来路，展望未来，中国共产党人所开辟和引领的中国道路有哪些成功经验，未来她又将给人类社会带来哪些新的启迪？带着这些问题，我先后采访了一批对中国道路有深入研究的著名理论家和实践者，聆听了他们对中国道路的精彩解读、经典诠释，汇集成册后就是呈现给读者朋友的这本——《大道》。本书的受访者，有的长期担任中央有关部委和单位的重要领导职务，有的多次参与党和国家重要政策、重要报告和重要文献的制定、起草和修订，学术等身、著作等身。他们既有丰富的实践和领导经验，同时又对中国道路有深入思考和研究，并且善于讲好中国道路的故事。正因为如此，每一次对话都是一次中国道路的文化大餐，汇聚在一起就是一场中国道路的文化盛宴。

“办好中国的事情，关键在党。”走好中国道路，关键在中国共产党。我们有本事做好中国的事情，也有本事讲好中国故事。我们有能力走好中国道路，也有能力讲好中国道路的故事，有能力讲好中国共产党的故事。

大道，乃人间正道。

人间正道是沧桑，人间正道是大道。

编　者

2021 年 1 月

目录

上篇　站起来　/ 001

新中国从哪里来

——对话原中央党校副校长 李君如　/ 002

新中国来自党和人民艰苦卓绝的奋斗　/ 003

民心向背是中国共产党执政的晴雨表　/ 007

人民民主是中国共产党始终高举的旗帜　/ 011

一切功劳归于人民　/ 016

中国道路的成功密码

——对话原国家行政学院副院长 周文彰　/ 022

从社会主义到中国特色社会主义　/ 023

中国特色社会主义“特”在何处　/ 026

中国道路是民族复兴的必由之路　/ 030

中国道路引领我们走进新时代　/ 032

大 道：从站起来、富起来到强起来

百年大党的战略智慧

——对话原中央党校副校长、中国辩证唯物主义研究会名誉会长 杨春贵 / 037

战略思维是全局性思维 / 038

革命和建设时期的战略思维 / 039

改革开放新时期的战略思维 / 043

进入新时代以来的战略思维 / 049

百年大党的精神引领力

——对话中共中央党史和文献研究院原院务委员 陈晋 / 053

中国共产党的精神谱系 / 054

中国共产党的精神密码 / 060

中国共产党的精神力量 / 065

百年大党让精神引领未来 / 068

百年大党的战略意志力

——对话全国政协常委、原国防大学副校长 毕京京 /072

中国共产党战略意志力的实践砥砺 / 075

中国共产党战略意志力的理论品格 / 079

中国共产党战略意志力的哲学启迪 / 088

中篇 富起来 / 095

中国共产党如何领导改革

——对话中国经济体制改革研究会原会长、著名经济学家高尚全 / 096

从企业自主权的变化看改革 / 097

党领导改革的宝贵经验 / 100

改革的目的是增进人民福祉 / 102

党的十八大以来改革的重大突破 / 104

必须以更大勇气把改革进行到底 / 108

坚持“四个不动摇”和“五个增强” / 111

从改革到全面深化改革

——对话中共中央政策研究室原副主任、中国国际经济交流中心副理事长 郑新立 / 113

调控手段如何完善 / 114

城乡矛盾如何解决 / 117

国企改革如何突破 / 120

特区发展如何升级 / 122

政治改革如何引领 /123

全面改革如何深化 /125

改革开放的历史经验

——对话原中共中央党史研究室副主任、著名党史专家石仲泉 /129

邓小平对改革开放的巨大贡献 /130

“历史决议”是中国道路的定海神针 /134

中国化马克思主义是不断发展的理论 /136

中国共产党是勇于自我革命的政党 /139

“主要矛盾转化论”是理论认识上的“松绑” /142

中国改革开放的大门会越开越大 /144

国有企业为什么能

——对话中国企业改革与发展研究会会长、中国上市公司协会会长 宋志平 /147

国企改革的成就与经验 /148

国企与民企共进共赢 /151

中国建材与中国医药改革的启示 /156

坚持国有企业改革方向 /158

叫响国有企业家品牌 / 163

民营经济为什么好

——对话全国工商联原副主席、中国民营经济研究会原会长庄聪生 / 167

民营经济涅槃重生 / 168

民营经济第二个春天 / 172

民营经济转型升级 / 175

民营经济强起来的新时代 / 179

下篇 强起来 / 185

文化引领大国复兴

——对话原文化部部长、著名作家 王蒙 / 186

博大精深的中华文化 / 187

蓬勃向上的新中国文化 / 191

大步向前的改革开放文化 / 194

引领复兴的新时代文化 / 199

旧邦维新的文化自信 / 202

中国经济为什么行

——对话中国国际经济交流中心副理事长 黄奇帆 / 208

推进生财型、聚财型和资源优化配置型改革 / 209

金融领域对外开放的红利 / 210

服务贸易领域开放的红利 / 212

农民工在城市落户的红利 / 214

降低运输成本的红利 / 216

有效配置城乡土地资源的红利 / 217

改革住房公积金制度的红利 / 219

健全企业年金制度的红利 / 222

组建国有资本运营公司的红利 / 224

投融资 PPP 模式改革的红利 / 226

中国特色的法治道路

——对话中共中央党校（国家行政学院）副教育长、中国法学会副会长 卓泽渊 / 229

奠定新中国法治基础 / 230

开启法治建设新征程 / 234

确立依法治国基本方略 / 237

迎来法治中国新时代 / 239

以彻底的革命精神推进全面依法治国 / 243

新时代中国共产党领导力是怎样炼成的

——对话中国领导科学研究会会长 冯秋婷 / 246

以自信奠基党的领导力 / 247

以自觉强化党的领导力 / 252

以自强提升党的领导力 / 259

百年大党如何领导和引领青年一代

——对话中国人民大学党委书记 靳诺 / 263

青年是党永葆生机的源头活水 / 264

思政课为青年学子培根铸魂 / 269

用“四力”引领感召凝聚服务青年 / 274

让红色基因在大学传承验证 / 281

后 记 大党引领 大道远行 / 287

上篇

SHANG PIAN

站起来

新中国从哪里来

——对话原中央党校副校长 李君如

李君如，原中央党校副校长，中共中央直属机关侨联主席、中国浦东干部学院中国特色社会主义研究院院长，研究员、博士生导师，享受国务院政府特殊津贴。第十届全国政协委员，第十一届全国政协常委。曾任中宣部理论局副局长、中央党史研究室副主任、中国改革开放论坛副理事长、中国中共党史学会副会长、中国人民政协理论研究会副会长、中国人权研究会副会长。先后出版毛泽东研究“三部曲”——《毛泽东与近代中国》《毛泽东与当代中国》《毛泽东与毛泽东后的当代中国》等，主持编写《邓小平同志建设有中国特色社会主义理论学习纲要》等。

“一切向前走，都不能忘记走过的路；走得再远、走到再光辉的未来，也不能忘记走过的过去，不能忘记为什么出发。”站在新时代的历史节点上，回望新中国成立 70 余年来艰苦卓绝的道路，有一个问题我们必须搞清楚，这就是——新中国是从哪里来的？

新中国来自党和人民艰苦卓绝的奋斗

程冠军：1949 年 10 月 1 日，毛泽东在天安门城楼上庄严宣告中华人民共和国成立。在中国人民政治协商会议第一届全体会议上，毛泽东自豪地宣布：“占人类总数四分之一的中国人从此站立起来了！”人民终于当家作主。请您谈谈中国人是如何站立起来的。

李君如：新中国是人民大众在中国共产党的领导下，用自己的奋斗和牺牲换来的。

历史的教训，永远不能忘怀。我们的国家叫“中华人民共和国”，也就是说，实行的政制是共和制。共和制与君主制是对立的。“共和政治”的概念源于西方。共和的英文是“republic”。在共和制思想西学东渐的过程中，日本人在 19 世纪把“republic”翻译成汉字“共和”。因为《史记·周本纪》中，讲到从周厉王失政到周宣王执政，西周在这个时期历经了没有周王，而由周公和召公共同执政的 14 年，其年号为“共和”。日本人认为这种制度和西方的“republic”比较接近，因此把“republic”翻译成汉语“共和”。在中国，共和制始于 1911 年孙中山先生领导的辛亥革命。这场革命推翻了清王朝，结束了统治中国几千年的君主专制制度，建立了实行共和制的中华民国。这是一个历史性的进步。但是，这样的历史性巨变刚使国人兴奋起来，政权就落到了以袁世凯为代表的北洋军阀手里。中国又陷入了连年内战和动乱之中。人们曾经以为可以救亡并能够使中国发展起来的种种措施，经过尝试都失败了。这使人们的困惑进一步加深了。同盟会元老蔡济民愤慨地说：“无量头颅无量血，可怜购得假共和。”

中国共产党在领导革命的过程中，认真总结了辛亥革命的经验和教训。其主要经验是，解决中国的问题要靠革命，而不是靠改良。毛泽东说过：“辛亥革命，则是在比较更完全的意义上开始了这个革命。”同时也告诉我们，君主专制统治不是中国的出路，资产阶级民主主义也不是中国的出路。唯有最广大人民当家作主的人民民主主义才是中国的出路。因此，讲中华人民共和国从哪里走来，不能不讲辛亥革命的教训。中国共产党成立后，工人运动、农民运动如火如荼地展开，中国革命的面貌焕然一新。特别是在国共合作下组建的北伐军，高举反帝反封建的国民革命旗帜，“打倒列强，除军阀”的歌声响彻大江南北。但是，1927 年大革命的失败使中国共产党遭到建党以来第一次沉重打击，革命力量损失惨重。党员由近 6 万名减少到 1 万名，党领导的革命工会、农会被封闭、解散，200 余万名工会会员和 1 000 余万名农会会员大部散失。在这种严酷的形势下，中国共产党人被迫拿起了枪杆子。1927 年 8 月 1 日，党领导的南昌起义打响了武装反抗国民党的第一枪。紧接着，8 月 7 日，中共中央在汉口召开紧急会议，确定新形势下开展土地革命和武装反抗国民党反动派的总方针。毛泽东提出“枪杆子里面出政权”这一重要思想。从此，党举起武装斗争的大旗，依靠人民战争推翻了国民党反动统治。

由于中国革命是在一个半殖民地半封建国家里发生的，而不是在一个具有议会传统的资本主义社会里发生的，中国的反动统治者极其残暴，用手里的刀枪屠杀人民。因此，中国共产党领导的人民大革命经历了血与火的严峻考验，中国人民为推翻帝国主义、官僚主义、封建主义的反动统治，作出了巨大的牺牲。

值得大书特书的是，以毛泽东同志为主要代表的中国共产党人在领导新民主主义革命中，不仅创造性地开辟了一条农村包围城市、最后夺取全国胜利的道路，而且这条独特的道路包含了建立人民当家作主的民主政权的深刻思想。这条在当年被称为“农村武装割据”的道路具有三个要素：一是党领导的人民武装，二是党领导的土地革命，三是党领导的人民政权。在毛泽东带领秋收起义的队伍走上井冈山、创建根据地的过程中，1927 年 11 月建立了湘赣边界第一个红色政权——茶陵县工农兵政府；1928 年 5 月建立了湘赣边界统一的工农兵苏维埃政府。1928 年 1 月，在毛泽东指导下，陈正人起草《遂川工农县政府临时政纲》，为在根据地建立红色政权提供了规范性的文件，推动了井冈山地区工农民主政权的建立。特别是 1931 年 11 月中共中央决定在瑞金召开中华苏维埃第一次全国代表大会，通过了《中华苏维埃共和国宪法大纲》，选举产生了中华苏维埃共和国临时中央政府。毛泽东被选为中央执行委员会主席。这是与国民党政府在性质上根本不同的工农民主专政的新型政权。现在我们的人民政权及其各大主要部委、中国人民银行及其制币厂等，都可以追溯到瑞金建立的中华苏维埃共和国。

综上所述，中国共产党领导的新民主主义革命，经过 28 年艰苦卓绝的奋斗，党和人民作出了巨大牺牲，才终于赢得了革命的胜利，建立了人民当家作主的新中国。

民心向背是中国共产党执政的晴雨表

程冠军：习近平总书记强调：“人心向背、力量对比是决定党和人民事业成败的关键，是最大的政治。”对此您怎么理解？

李君如：新中国之所以能够诞生，之所以能够巩固，之所以能够完善和发展，都是因为顺应和顺从了民心民意。中国共产党在执政时，始终重视“民心向背”这一基本问题。

一是中国共产党在决定夺取全国政权、建立新中国的时候，首先考虑的就是“民心”问题。中国共产党决定夺取全国政权的标志，是 1947 年 10 月毛泽东在《中国人民解放军宣言》中提出“打倒蒋介石，解放全中国”的口号。这意味着中国共产党夺取全国政权的条件成熟了。这个条件，不仅是人民解放军已经在解放战争的战场上掌握了主动权，而且是全国范围内的人心所向已经发生了有利于我们党的根本变化。在1947年12月中共中央扩大会议即“十二月会议”上，毛泽东专门分析过“政治方面，人心变动了。蒋介石孤立起来，群众站在我们方面”。他说，这个问题长时期内没有解决，内战时期我们比较孤立，抗战时期蒋介石逐渐失掉人心，我们逐渐得到人心，但问题仍没有根本解决，直到抗战胜利以后这一两年来才解决了这个问题。这个人心向背问题，是经过重庆谈判、蒋介石撕毁停战协定和取缔民主党派活动、共产党在解放区进行土地改革等一系列历史事件后出现的社会动向。在“十二月会议”后，毛泽东进一步提出，人心向背问题有利于我们，并不等于我们就能够夺取政权。他说，人民不喜欢蒋介石，也不喜欢共产党。这个可能性完全有，在理论上是成立的。他明确提出，这里的一个重要问题，是要采取正确的政策，巩固和发展统一战线。因此，总结党的执政经验，第一条就是要得民心。

二是新中国成立后，中国共产党始终把民心向背作为执政的晴雨表，根据民心变动情况决定党的政策和策略。1950年6月6日，毛泽东在党的七届三中全会上提出要为争取国家财政经济状况的基本好转而斗争的任务。与此同时，他注意到：“由于社会经济改组和战争带来的工商业的某些破坏，许多人对我们不满。现在我们跟民族资产阶级的关系搞得很紧张，他们皇皇不可终日，很不满。失业的知识分子和失业的工人不满意我们，还有一批小手工业者也不满意我们。在大部分农村，由于还没有实行土地改革，又要收公粮，农民也有意见。”应该说，毛泽东能够作出这样实事求是的冷静分析，是十分令人钦佩的。毛泽东在会上根据上述分析，提出“不要四面出击”的战略方针，强调“四面出击，全国紧张，很不好。我们绝不可树敌太多，必须在一个方面有所让步，有所缓和，集中力量向另一方面进攻。我们一定要做好工作，使工人、农民、小手工业者都拥护我们，使民族资产阶级和知识分子中的绝大多数人不反对我们”。也就是说，我们提出了任务，又把握了民心之所向。这样，就有了制定正确的方针政策的根本依据。正是有了这样的方针政策，我们不仅顺利完成了民主革命的遗留任务，恢复了国民经济，而且创造了进行社会主义改造、建立社会主义基本制度的有利条件。

三是中国改革开放之所以发生，是因为我们党正确地顺应了民心民意；改革开放之所以成功，也在于我们党正确地把握了民心民意。我们经常说，民心不可侮，民心不可违。天安门广场就是见证人。1976 年在天安门广场爆发的“四五运动”表达了人民群众对“四人帮”倒行逆施的抗议，同时也喊出了渴望实现四个现代化的心声。当年，中共中央政治局作出粉碎“四人帮”、结束“文化大革命”的决策，反映的就是民心民意；后来，党的十一届三中全会作出把全党的工作重点转移到社会主义经济建设上来的决定，也是顺应了民心民意。同样也是在天安门广场，1984 年 10 月 1 日，在中华人民共和国成立 35 周年的国庆游行队伍中，发生了一件感人的事。北京大学的学生突然打出一幅横幅，上面写着四个醒目的大字：“小平您好。”这四个朴素的字，反映的就是人民群众拥护邓小平领导的改革开放之深厚情感。有了这样的民心基础，我们才有了创造性地开辟中国特色社会主义道路的群众基础。

四是中国特色社会主义进入新时代，也是顺应了民心民意。2012 年 11 月 15 日，习近平同志在党的十八届一中全会上当选为党中央总书记后，同中外记者见面时，一句话就拨动了全国人民的心弦，这句话是：“人民对于美好生活的向往，就是我们的奋斗目标。”这句话为什么能够拨动全国人民的心弦？因为这句话集中反映了当代中国的民心。党的十九大进一步把握这样的民心所向，指出：“中国特色社会主义进入新时代，我国社会主要矛盾已经转化为人民日益增长的美好生活需要和不平衡不充分的发展之间的矛盾。我国稳定解决了十几亿人的温饱问题，总体上实现小康，不久将全面建成小康社会，人民美好生活需要日益广泛，不仅对物质文化生活提出了更高要求，而且在民主、法治、公平、正义、安全、环境等方面的要求日益增长。同时，我国社会生产力水平总体上显著提高，社会生产能力在很多方面进入世界前列，更加突出的问题是发展不平衡不充分，这已经成为满足人民日益增长的美好生活需要的主要制约因素。”

综上所述，中国共产党执政的最大特点就是八个字：顺应民心，顺从民意。

人民民主是中国共产党始终高举的旗帜

程冠军：新中国是人民当家作主的中国，是人民民主的中国。您怎么理解“人民民主”？

李君如：众所周知，1945 年 7 月 4 日，毛泽东在和黄炎培的“窑洞对”中，谈到中国如何跳出“政怠宦成”“人亡政息”“求荣取辱”的历史周期率时，充满自信地指出，我们已经找到了新路，我们能跳出这周期率。这条新路，就是民主。只有让人民来监督政府，政府才不敢松懈；只有人人起来负责，才不会人亡政息。

毛泽东是这样说的，也是这样努力的。一个典型的例子是，解放区土地改革时，曾经出现过一个口号，叫作“贫雇农打江山坐江山”。毛泽东明确指出：“‘贫雇农打江山坐江山’的口号是错误的。在乡村，是雇农、贫农、中农和其他劳动人民联合一道，在共产党领导之下打江山坐江山，而不是单独贫雇农打江山坐江山。在全国，是工人，农民（包括新富农），独立工商业者，被反动势力所压迫和损害的中小资本家，学生、教员、教授、一般知识分子，自由职业者，开明绅士，一般公务人员，被压迫的少数民族和海外华侨，联合一道，在工人阶级（经过共产党）的领导之下，打江山坐江山，而不是少数人打江山坐江山。”尽管毛泽东这些话是在解放战争时期即新中国成立前夕讲的，但其基本精神即“不是少数人打江山坐江山”，而是“最广大的人民群众为主体的民主政治”这一点，始终是中国共产党的基本遵循。

西方有些人曾经歪曲毛泽东提出的“枪杆子里面出政权”的思想，污蔑我们党的政权是依靠枪杆子支撑的极权制度。他们完全不懂得，中国共产党拿起枪杆子，是因为我们的敌人手中不仅拿着枪杆子，还用这个枪杆子屠杀人民。我在国外的一次演讲中曾经回答过这一问题：“枪杆子里面出政权”这个话确实是我们说过的，时间是 1927 年 8 月 7 日。为什么要说这个时间呢？因为之前，1927年4月12日中国发生了一件大事，蒋介石在上海发动政变，屠杀共产党人和工农群众。这件事情迫使共产党人在那年8月1日拿起了枪杆子，在南昌举行武装起义。也就是说，“枪杆子里面出政权”是严酷的形势迫使我们作出的决定，并非共产党人迷恋暴力。事实上，党作为中国民主力量的代表，作为长期为民主而奋斗的党，在战场上取得决定性优势的时候并没有凭借枪杆子的力量独霸政权，而是同各民主党派和无党派民主人士一起，采取民主的方式，共同来建立新中国。也就是说，武装推翻旧政权、民主建立新政权才是中国共产党建立新中国的真实路径。

事实就是这样，1948年4月30日，中共中央发表的“五一口号”中，明确提出：“各民主党派、各人民团体、各社会贤达迅速召开政治协商会议，讨论并实现召集人民代表大会，成立民主联合政府。”这里，中国共产党明确提出了由人民民主统一战线来成立民主联合政府。而实现这一目标的具体措施，就是邀请各民主党派、各人民团体和无党派民主人士到解放区召开政治协商会议，把在长期斗争中形成的人民民主统一战线转化为有组织、有章程、有制度的统一战线；然后，决定在召开全国人民代表大会条件还不具备的情况下，由人民政协全国委员会代行国家政权机关的职权。这种民主，在民主政治的分类中属于“协商民主”。

也就是说，毛泽东关于“夺取全国政权”的思想，在“武装推翻旧政权、民主建立新政权”的思想中，还包括了通过协商民主建立新中国的特点。正是在这个意义上，我们可以把民主建立新中国的经验概括为“民主建政，协商建国”。

这一历史过程所体现的是以毛泽东同志为主要代表的中国共产党人的民主建政思想，概括起来，就是依靠和发挥我们在革命实践中建立起来的统一战线，把非制度化的统一战线转化为制度化的统一战线，即在召开中国人民政治协商会议的过程中形成中国共产党领导的多党合作和政治协商制度；再把制度化的统一战线转化为人民民主的政权组织，即由中国共产党领导的多党合作和政治协商制度的组织机构——中国人民政治协商会议全国委员会代行国家权力机关职权。

程冠军：人民民主是中国共产党始终高举的旗帜。您认为，人民民主的主要实现形式有哪些？

李君如：可以这样说，中国共产党人不仅重视民主，而且有自己的创造。世界上许多人并不了解，中国共产党在长期的民主实践中创造了两种民主形式，一是选举民主，二是协商民主。人民民主的这两种不同的实现形式，在依法治国中发挥了不同而又相辅相成的作用，实现了最广泛的人民民主。2014 年 9 月 5 日在庆祝全国人民代表大会成立 60 周年大会和 9 月 21 日在庆祝中国人民政治协商会议成立 65 周年大会上，习近平总书记发表的两次重要讲话系统地阐述了“人民通过选举、投票行使权利和人民内部各方面在重大决策之前进行充分协商，尽可能就共同性问题取得一致意见，是中国社会主义民主的两种重要形式”。这里说的“人民通过选举、投票行使权利”，就是我们平常说的“选举民主”；这里说的“人民内部各方面在重大决策之前进行充分协商，尽可能就共同性问题取得一致意见”，就是党的十八大报告提出的“协商民主”。选举民主和协商民主是“中国社会主义民主的两种重要形式”。人民不只是在投票时才有民主权利，投票后还可以在决策之前、之中，通过各种途径、各种方式就改革发展稳定等重大问题，特别是事关人民群众切身利益的问题进行广泛协商。选举民主和协商民主这两种民主形式相结合，正是中国特色社会主义民主的“特色”之所在。

需要指出的是，协商民主，指的是人民内部各方面在重大决策之前进行充分协商，尽可能就共同性问题取得一致意见。这种民主是中国社会主义民主政治中独特的、独有的、独到的民主形式。它源自中华民族长期形成的天下为公、兼容并蓄、求同存异等优秀政治文化，源自近代以来中国政治发展的现实进程，源自中国共产党领导人民进行革命、建设、改革的长期实践，源自新中国成立后各党派、各团体、各民族、各阶层、各界人士在政治制度上共同实现的伟大创造，源自改革开放以来中国在政治体制上的不断创新，具有深厚的文化基础、理论基础、实践基础、制度基础。特别是习近平总书记深刻指出：“在中国社会主义制度下，有事好商量，众人的事情由众人商量，找到全社会意愿和要求的最大公约数，是人民民主的真谛。”这是习近平总书记对协商民主的特点及其来源所作出的迄今最全面、最深刻、最明确的概括。

综上所述，人民民主是中国共产党始终高举的旗帜。我国的人民民主包括选举民主和协商民主这两种形式。

一切功劳归于人民

程冠军：习近平总书记强调“一切功劳归于人民”。这句话的深刻内涵是什么？

李君如：回顾历史，新中国是在人民艰苦卓绝的奋斗中诞生的，社会主义制度是在人民的共同推进中建立的。同样，改革开放也是在人民的开拓创新中发展起来的。

以党的十一届三中全会为标志，我国进入了社会主义现代化建设和改革开放新时期。中国人民对改革开放最深切的感受，就是它使得“站起来”的中国人迎来“富起来”的今天，开始走向“强起来”的明天。1990 年 4 月 7 日，邓小平在会见外宾时说：“中华人民共和国成立四十年来，已经打下了一个好的基础。党的十一届三中全会以后，我们集中力量搞四个现代化，着眼于振兴中华。”“我是一个中国人，懂得外国侵略中国的历史。当我听到西方七国首脑会议决定要制裁中国，马上就联想到一九〇〇年八国联军侵略中国的历史。七国中除加拿大外，其他六国再加上沙俄和奥地利就是当年组织联军的八个国家。要懂得些中国历史，这是中国发展的一个精神动力。”他还说，中国现在已经是一个政治大国，“在不长的时间内将会成为一个经济大国”。党的十一届三中全会以来中国改革开放的历史，就是中国一步步成为经济大国的历史，就是中国不断实现跨越式发展的历史。2001 年，中国经济总量超越了意大利，成为世界第六；2005 年，中国经济总量又成功实现了对英国和法国的超越，成为世界第四；2008 年，中国经济总量实现了对德国的超越，成为世界第三；接着是 2010 年，中国在经济总量上又超越了日本，成为世界第二。这部中国

“超越史”，就是中国和平发展史，或者说，就是在改革开放中推进中国不断迈向社会主义现代化的历史，就是“站起来”的中国人在改革开放中不断“富起来”的历史。

程冠军：站起来、富起来、强起来，这三个伟大飞跃是怎样实现和迎来的？

李君如：正如习近平总书记强调指出的：“党和国家事业发展的一切成就，归功于人民。只要我们紧紧依靠人民，就没有战胜不了的艰难险阻，就没有成就不了的宏图大业。”

是人民，是人民群众在中国共产党领导下开始了解放思想的伟大历史性进程。比如著名的真理标准问题大讨论，就来自人民群众在拨乱反正中对历史经验的深入思考。

是人民，是人民群众在中国共产党领导下，推动了中国以社会主义市场经济为目标的经济体制改革和全方位的对外开放。邓小平就说过，农村搞家庭联产承包，这个发明权是农民的。乡镇企业异军突起，这不是我们中央的功绩。改革开放中很多事是群众发明的。同样，建立深圳、珠海、汕头、厦门等四个经济特区、开发开放上海浦东等重大对外开放举措，都来自地方和基层的呼声、建议。

是人民，是人民群众在中国共产党领导下，创造了中国特色社会主义的民主实现形式。比如，村民委员会这样的基层群众性自治组织，是农民在改革人民公社制度中创造的。基层的协商民主也是人民群众自己探索出来的。特别是中国的法治建设包括司法改革取得了前所未有的进展。这一切都是在人民群众的大力推动下实现的。

是人民，是人民群众在中国共产党领导下，创造了中国经济快速发展的奇迹。放眼今天的中国，主要农产品谷物、肉类、棉花、花生、油菜籽、茶叶、水果等产品产量位居世界第一；全世界 500 种工业产品中，中国的钢、煤、水泥、化肥、棉布、糖产量位居第一位；水利、能源、交通、通信等基础设施建设取得突破性进展；高档数控机床与基础制造装备、大型油气田及煤层气开发、重大新药创制、极大规模集成电路制造装备及成套工艺、新一代宽带无线移动通信网、大型先进压水堆及高温气冷堆核电站、艾滋病和病毒性肝炎等重大传染病防治、大型飞机、高分辨率对地观测系统、载人航天与探月工程等令世界瞩目的科技成就成批涌现；美丽乡村建设、生态文明建设也不断推进，城乡面貌焕然一新。凡此种种，在中国特色社会主义的经济、政治、文化、社会和生态文明建设中，我们取得的每一项成就、每一个进步，都是来自人民群众的辛勤劳动和勇敢创新。

需要指出的是，治理国家必须更加自觉地坚持以人民为中心的发展思想。党的十八大以来，习近平总书记明确提出以人民为中心的发展思想。“以人民为中心”最初是对文化工作特别是创作导向的要求，如党的十八大就提出“要坚持以人民为中心的创作导向”。党的十八届五中全会把这一思想拓展为推动整个发展必须遵循的原则，强调“必须坚持以人民为中心的发展思想”。后来，习近平总书记又强调新闻舆论工作要“坚持以人民为中心的工作导向”。特别是党的十九大报告进一步把“坚持以人民为中心”作为新时代坚持和发展中国特色社会主义的基本方略确立了起来。这样，“以人民为中心”就不再是某一个领域工作的原则，而是中国共产党在治国理政各个方面和全过程都必须坚持的基本方略。也就是说，我们在思想观念上要把人民放在心中最高位置；在工作上要把实现好、维护好、发展好最广大人民的根本利益作为根本出发点和归宿；在价值导向上要把人民拥护不拥护、赞成不赞成、高兴不高兴、答应不答应作为衡量一切工作得失的根本标准。这就是中国共产党治理之道的核心思想。

程冠军：习近平总书记在论述坚持和发展中国特色社会主义的基本方略时，第一条强调要“坚持党对一切工作的领导”，第二条强调要“坚持以人民为中心”，这两条的关系是什么？

李君如：这两条基本方略必须同时并重而不能厚此薄彼或顾此失彼。越是强调党对一切工作的全面领导，越要坚持以人民为中心的发展思想。毛泽东当年在提出“工、农、商、学、兵、政、党这七个方面，党是领导一切的”思想时，特别强调要注意我们党的干部队伍问题，指出：“党内并不纯粹，这一点必须看到，否则我们是要吃亏的。”因此，在今天加强党对一切工作的全面领导时，一定要更加自觉地坚持以人民为中心的发展思想，更加自觉地坚持全面从严治党。只有这样，才能把“人民是共和国的坚实根基，人民是我们执政的最大底气”的思想贯彻始终而不走样。

中国道路的成功密码

——对话原国家行政学院副院长 周文彰

周文彰，原国家行政学院副院长，中共中央党校（国家行政学院）教授、博士生导师，中国书法家协会理事，中华诗词学会会长，曾任中共海南省委宣传部部长，理论家、书法家、诗人。长期从事哲学、中国特色社会主义理论体系、经济特区、干部教育培训等领域的研究。曾出版《跨世纪的抉择：经济特区二次创业》《让学习成为习惯》《走好从政每一步》《周文彰诗词选》等 20 多部有影响力的著作，曾获“五个一工程”奖、中国图书奖。

新中国成立 70 余年来，我们走出了一条中国特色社会主义道路。从 1949 年新中国成立开辟社会主义道路，到 1978 年党的十一届三中全会开启改革开放的崭新篇章，我们走上了中国特色社会主义道路。党的十八大以来，以习近平同志为核心的党中央引领中国特色社会主义进入新时代，使我们更加坚定道路自信、理论自信、制度自信、文化自信。

从社会主义到中国特色社会主义

程冠军：1949 年 10 月 1 日，毛泽东站在天安门城楼上庄严宣告："中华人民共和国中央人民政府今天成立了！"并亲手升起第一面五星红旗。请您谈谈新中国成立的伟大意义。

周文彰：回顾新中国成立必然要想到开国领袖毛泽东。习近平总书记说过，建立中国共产党、成立中华人民共和国、推进改革开放和中国特色社会主义事业，是五四运动以来我国发生的三大历史性事件，是近代以来实现中华民族伟大复兴的三大里程碑。

毛泽东既是党的创始人之一，又带领我们建立了新中国。

毛泽东领导我们党团结带领人民浴血奋战，推翻了“三座大山”，建立了中华人民共和国，确立了社会主义基本制度，为当代中国一切发展进步奠定了根本政治前提和制度基础。在探索过程中，虽然经历了严重曲折，但党在社会主义革命和建设中取得的独创性理论成果和巨大成就，为在新的历史时期开创中国特色社会主义提供了宝贵经验、理论准备、物质基础。

程冠军：在改革开放的伟大实践中，我们走上了一条中国特色社会主义道路。从邓小平提出“有中国特色社会主义”到党的十六大提出“中国特色社会主义”，中国特色社会主义逐步走向成熟。请您谈谈中国特色社会主义道路的理论和实践逻辑。

周文彰：1982 年 9 月 1 日，邓小平在《中国共产党第十二次全国代表大会开幕词》中提出：“把马克思主义的普遍真理同我国的具体实际结合起来，走自己的道路，建设有中国特色的社会主义，这就是我们总结长期历史经验得出的基本结论。”在整个 20 世纪 80 —90 年代，我们党的提法都是“有中国特色的社会主义”“有中国特色社会主义”。2002 年 11 月 8 日，江泽民在党的十六大报告中改称“中国特色社会主义”。

回顾改革开放的伟大历程，我们党高举中国特色社会主义伟大旗帜始终如一。党的历次代表大会政治报告的标题清楚地显示了这一点。这些报告也印证了习近平总书记所做的判断：中国特色社会主义是改革开放以来，党的全部理论和实践的主题。

我们党不仅坚持了这个主题，而且一步步地丰富和发展这个主题。简要说来，党的十三大阐述了社会主义初级阶段的理论，制定了党的基本路线。这条基本路线后来被习近平总书记誉为“国家的生命线”“人民的幸福线”。党的十四大系统阐述了建设有中国特色社会主义理论的主要内容，并且确立了建设社会主义市场经济体制的改革目标。党的十五大阐述了邓小平理论及其地位，强调邓小平理论就是建设有中国特色社会主义理论，提出学习马克思列宁主义、毛泽东思想，中心内容就是学习建设有中国特色社会主义理论。党的十六大阐述了“三个代表”重要思想，为我们党的建设提出了目标、任务、要求和指导思想。党的十七大报告使用了“中国特色社会主义理论体系”这样一个特别重要的新概念，把我们党在改革开放以来持续推进马克思主义中国化的最新理论成果——邓小平理论、“三个代表”重要思想和科学发展观，统称为中国特色社会主义理论体系。

党的十八大对中国特色社会主义的重要发展，除了系统阐述科学发展观外，还在于把中国特色社会主义的内涵阐释为中国特色社会主义道路、中国特色社会主义理论体系、中国特色社会主义制度。三者的关系：中国特色社会主义道路是实现途径，中国特色社会主义理论体系是行动指南，中国特色社会主义制度是根本保障，三者统一于中国特色社会主义伟大实践。这是党领导人民在建设社会主义长期实践中形成的最鲜明特色。习近平总书记在庆祝中国共产党成立 95 周年大会上的讲话中把“三个自信”发展成为道路自信、理论自信、制度自信、文化自信“四个自信”。

党的十八届六中全会进一步丰富了中国特色社会主义的内涵，提出坚持四项基本原则，根本是坚持党的领导，坚持中国特色社会主义道路、中国特色社会主义理论体系、中国特色社会主义制度、中国特色社会主义文化，从而把中国特色社会主义拓展为四个组成部分。

中国特色社会主义“特”在何处

程冠军：我们看到，无论是“有中国特色的社会主义”“有中国特色社会主义”还是“中国特色社会主义”，都离不开“特色”二字。您认为，这个“特色”都有哪些深刻内涵？

周文彰：中国特色社会主义，为什么要加“特色”二字，“特色”又作何理解？在我看来，第一，它是相对于经典作家构想的社会主义而言的；第二，它也是相对于苏联社会主义模式和我国曾经所实践的社会主义而言的。“特色”体现在以下几个方面。

第一，特在起点。马克思设想的社会主义是资本主义社会之后的一种社会形态。就是说，是在像欧美这样的资本主义阶段之后产生的一个更高层次的社会形态。但是，我们却是在半殖民地半封建的废墟上建立社会主义。邓小平说，严格地说来我们不够格，我们处在社会主义初级阶段。这个初级阶段也就是社会主义的不发达阶段。这样我们就处在两个“初级阶段”，第一个是社会主义是共产主义的初级阶段，第二个是中国又是处在社会主义的初级阶段。所以，我们的社会主义跟马克思设想的社会主义的起点不一样。我们是在生产力极其落后的基础上开始社会主义建设进程的。党的十三大在阐发社会主义初级阶段理论的时候特别指出，这并不是每一个国家进入社会主义都必然经过的阶段，而是专门特指中国的特殊国情所决定的一个初级阶段。这就是“中国特色”的第一个“特”：特在社会主义的起点不同。

第二，特在体制。现在我们可以把马克思设想的社会主义看作是社会主义的成熟阶段，而我们处在社会主义初级阶段。那么很显然，初级阶段不能套用成熟阶段的制度设计，就像幼儿服药不能套用成人的药方一样，必须从中国的实际出发，从初级阶段这个最大的国情出发，来进行我们的制度设计。党的十一届三中全会以前，我们出现失误的根本原因就在于我们提出的目标和任务、制定的体制和政策，超越了社会主义初级阶段这个基本国情。于是，在邓小平理论的指引下，我们制定了党在整个社会主义初级阶段的基本路线，制定了公有制为主体、多种所有制经济共同发展的基本经济制度，制定了让一部分地区、一部分个人先行发展，然后走向共同富裕的发展道路，制定了按劳分配为主体、多种分配方式并存的分配制度，制定了一系列符合国情的经济、政治、文化、社会、生态文明建设和党的建设体制。

第三，特在发展模式。我们的目标是共同富裕，但是决不能将共同富裕理解为肩并肩、手拉手、齐步走，那样做的结果只能导致共同贫穷。因为当我们捆绑在一起的时候，就只能向发展速度最慢的地方看齐，结果大家都走不快。所以邓小平为我们找到了一条正确的发展道路，那就是让一部分有条件的地区和个人先行发展、先行富裕，通过先富带动后富最后走向共同富裕。时间证明这是一种正确的发展模式。我们正是靠着这种模式才有今天的成就的。当然，这样做拉开了差距，但是为了走向共同富裕，必须先拉开差距；不拉开差距，只能导致共同贫穷。这就是发展的辩证法。邓小平设计这种模式的时候想得非常清楚。他说到20世纪末，我们再来着手解决差距问题。我们党重视缩小差距的时候，正是邓小平设定的那个时间。因此，我们现在正努力缩小差距，今后还要继续坚持这么做。党的十九大通过的党章对此作出了明确的宣示。

第四，特在理论指南。马克思主义是我们党始终坚持的指导思想，也就是这里所说的“理论指南”。在我们党看来，马克思主义是一个不断发展着的理论体系，需要持续不断地中国化、时代化，形成与时俱进的中国马克思主义。所以，在进入改革开放的新时期，适应着我国社会主义初级阶段的发展要求和发展步伐，中国马克思主义在毛泽东思想的基础上，相继产生了邓小平理论、“三个代表”重要思想、科学发展观、习近平新时代中国特色社会主义思想，统称中国特色社会主义理论体系。正是这一整套理论体系，指引着我国改革开放和现代化建设阔步前进。在这个理论体系当中，我们不再把计划和市场看作社会制度区分的标志。因为社会主义也需要市场，所以我们果断确立了以建设社会主义市场经济体制为目标的改革方案。在分配上，我们不再把按要素分配看作某个社会制度特有的经济现象，而看成在我们社会主义社会也是可以采用的。同样，股份公司、股票市场、聘用制度等就都不带有阶级性、社会性，既可以为其他社会服务，也可以为我们社会服务。

第五，特在中国共产党领导。第二次世界大战后世界出现了一批社会主义国家。但我们知道，东欧剧变、苏联解体，这些国家要么放弃了社会主义，要么发展得不尽如人意，而中国在经过一段艰辛的探索以后，找到了中国特色社会主义，大步走上发展的快车道，让社会主义在国际舞台上大放异彩，显示出勃勃生机。过去我们常说社会主义救中国，今天我们可以说中国拯救了社会主义。存在差别的原因就在于，我们中国是因为有中国共产党领导。中国共产党领导是中国特色社会主义最本质的特征，是中国特色社会主义制度的最大优势。

中国道路是民族复兴的必由之路

程冠军：我们注意到，习近平总书记十分重视道路问题。他强调道路问题是关系党的事业兴衰成败第一位的问题，道路就是党的生命。习近平总书记为什么这样重视道路问题？

周文彰：习近平总书记反复强调中国特色社会主义道路，归纳起来我认为主要有三个原因。

第一，这是一条让我们走向成功的道路，要坚定不移走下去。方向决定前途，道路决定命运。短短40多年，我国成为世界第二大经济体、第一大贸易国，并在很多领域走在世界的前列，如高铁、航天、通信、计算机、建筑、金融等领域，就是因为我国走上了中国特色社会主义道路。

第二，找到这样一条正确道路不容易，我们应该好好珍惜。1911年辛亥革命推翻封建帝制以后，中国往何处去，我们试过了很多道路，如君主立宪制、民主共和制等，但都走不通，在中国共产党领导下，我们走上了社会主义道路。在这条道路上我们既有成功，也有教训，最后在以邓小平同志为主要代表的中国共产党人的努力下，找到了中国特色社会主义道路。有人对这条道路说三道四，但习近平总书记说过，鞋子合不合脚，自己穿了才知道。我们亲身感受到中国独特的国情、独特的文化传统、独特的精神，就注定了我们只能走中国特色社会主义道路而不能走别的路。

第三，对这条道路说三道四，甚至攻击，绝对不能容忍。党的十八届六中全会通过的《关于新形势下党内政治生活的若干准则》进一步明确：对党的基本路线的态度，对中国特色社会主义道路的态度，是衡量一个领导干部特别是高级领导干部是不是合格可靠的一个重要指标。考察干部，特别是考察党的高级干部首先要考察他对党的基本路线的态度，也包括对中国特色社会主义道路的态度。而且全会要求我们在政治问题上，在这些大是大非问题上，决不能沉默不言，要敢于担当并给予反击。我们看到，以习近平同志为核心的党中央对中国特色社会主义道路认识非常深刻，决心极其坚定，对任何怀疑、动摇、攻击中国特色社会主义道路的人决不含糊，也决不容忍，我们也应该把思想统一到这里来。

中国特色社会主义道路，是在总结新中国成立以后正反两个方面经验教训中形成的，是凝结了几代中国共产党人带领全国人民接力探索、艰苦奋斗的智慧和心血开创和发展的。实践证明，中国特色社会主义道路，是一条符合中国国情、引导中国发展进步的光明道路。

中国道路引领我们走进新时代

程冠军：党的十九大作出一个重大政治判断，中国特色社会主义进入了新时代，是不是可以说中国道路引领我们走进了新时代？

周文彰：这主要是党的十八大以来，我们党坚持统筹推进“五位一体”总体布局、协调推进“四个全面”战略布局，采取了一系列重大举措，作出了一系列重大决策，办成了许多我们过去想做而做不成或者不敢做的事情，从而推动党和国家事业发生历史性变革、取得历史性成就。与此同时，我们看到社会主要矛盾发生了重大变化；经济建设站到了新的起点上；以简政放权为代表的行政体制改革、以民主政治推进为代表的政治体制改革都到了一个新的起点；文化建设、社会建设以及生态文明建设，特别是党的建设，也都到了一个新的起点。所有这些都标志着中国特色社会主义进入了新时代。无论从哪方面来看，我国的确处在中国特色社会主义发展的新阶段，这是一个重大判断。

中国特色社会主义进入新时代意义重大。第一，意味着久经磨难的中华民族终于迎来了从站起来、富起来到强起来的伟大飞跃，迎来了实现中华民族伟大复兴的光明前景。第二，意味着社会主义具有强大的生命力，而且具有广阔的发展前景。社会主义从空想走向科学，从理论走向实践，从国外走向我们中国，在我们这里展现了一派勃勃生机，再一次证明经典作家所预见的社会发展的必然趋势是非常正确的，社会主义有强大的生命力。第三，意味着中国特色社会主义为发展中国家摆脱贫穷落后面貌走向现代化提供了一条中国道路，贡献了中国智慧和中国方案，具有很大的启发意义和借鉴价值。

“中国特色社会主义进入新时代”这个重大判断，不仅仅是对我国当前社会主义发展方位的判断，更重要的是对各级领导提出了新的要求。第一，处在新的发展阶段，我们一定会面临新的问题和新的挑战。我们要研究新情况、分析新问题、拿出新对策。第二，要求我们在继续推动发展的基础上，着力解决好发展不平衡不充分问题，大力提升发展质量和效益，更好推动人的全面发展、社会全面进步。第三，要求我们以更大的干劲和决心来夺取全面建成小康社会的胜利，把我国建设成为制造强国、科技强国、教育强国、质量强国、航天强国、网络强国、交通强国、美丽中国、数字中国、智慧社会，实现第二个百年奋斗目标，实现中华民族伟大复兴的中国梦。

程冠军：中国进入强起来的新时代，也可以说我们离实现中华民族伟大复兴的中国梦越来越近了。您认为，当下应该如何更好地坚持和走好中国道路？

周文彰：历史发展是有其规律的，但人在其中并不是完全消极被动的。我们只有把握历史发展的大势，抓住历史变革时机，奋发有为，锐意进取，人类社会才能更好前进。因此，我们要想更好地坚持和走好中国道路，就要做到以下三个方面。

一要顺应潮流。顺应潮流是大概念，深入讲就是要顺应时代潮流、顺应历史逻辑、顺应人心民意。而这三个“顺应”，正是我们党让改革开放成为当代中国最显著的特征、最壮丽的气象的深层逻辑。五四运动以来，建立中国共产党、成立中华人民共和国、推进改革开放和中国特色社会主义事业。这三大里程碑都是中华民族顺应时代潮流、顺应历史逻辑、顺应人心民意的结果。

二要保持定力。习近平总书记指出，实现我们确立的奋斗目标，我们既要有“乱云飞渡仍从容”的战略定力，又要有“不到长城非好汉”的进取精神。习近平总书记多次讲到的“定力”，一是指雄心壮志、伟大梦想、奋斗目标；二是指信仰、信念、信心。只要有信仰、有信念、有信心，就会越挫越奋、越战越勇，否则就会不战自败、不打自垮。习近平总书记在庆祝改革开放40周年大会上指出，无论过去、现在还是将来，对马克思主义的信仰，对中国特色社会主义的信念，对实现中华民族伟大复兴中国梦的信心，都是指引和支撑中国人民站起来、富起来、强起来的强大精神力量。

三要做好接力。“行百里者半九十。中华民族伟大复兴，绝不是轻轻松松、敲锣打鼓就能实现的。全党必须准备付出更为艰巨、更为艰苦的努力。”建成社会主义现代化强国，实现中华民族伟大复兴，是一场接力跑，我们要一棒接着一棒跑下去，每一代人都要为下一代人跑出一个好成绩。

百年大党的战略智慧

——对话原中央党校副校长、中国辩证唯物主义研究会名誉会长 杨春贵

杨春贵，原中央党校副校长、中国辩证唯物主义研究会名誉会长，第九届全国政协委员，中央马克思主义理论研究和建设工程《马克思主义哲学》课题组首席专家。主要研究领域为马克思主义哲学、毛泽东哲学思想、邓小平理论、中国特色社会主义理论体系等。主要著作有《党的思想路线研究》《杨春贵自选集》《论思想方法》《杨春贵讲稿》《党校教学论》《我与马克思主义哲学》等。主编《毛泽东哲学思想新论》《邓小平理论与社会主义的历史命运》《马克思主义哲学发展史教程》《中国特色社会主义理论体系原著十讲》《马克思主义与社会科学方法论》《中国共产党人的战略思维》等著作。

习近平总书记强调，我们党要团结带领人民实现“两个一百年”奋斗目标、实现中华民族伟大复兴的中国梦，必须不断接受马克思主义哲学智慧的滋养，更加自觉地坚持和运用辩证唯物主义世界观和方法论，增强辩证思维、战略思维能力，把各项工作做得更好。

战略思维是全局性思维

程冠军：杨校长您好！今天的采访主要是请您谈谈我们党在各个重大历史时期面临重大历史课题，是如何以马克思主义哲学为指导进行战略思维的。首先请您谈谈什么是战略思维。

杨春贵：战略问题极为重要，是一个政党、一个国家的根本性问题。习近平总书记说：“战略上判断得准确，战略上谋划得科学，战略上赢得主动，党和人民事业就大有希望。”战略思维作为关于实践活动的全局性思维，其本质是一切着眼全局，即把全局作为考虑一切问题的出发点和落脚点，把全局利益作为最高价值追求，在事关全局的重大原则问题上始终保持战略定力。为此，必须以辩证唯物主义世界观和方法论为指导，正确处理实践活动中的各种重大关系，包括局部与全局的关系、局部与局部的关系、系统与环境的关系、阶段与阶段的关系等，必须遵循突出重点、统筹兼顾、开阔视野、照应阶段、抓住机遇等基本原则，正确解决战略目标问题、战略步骤问题、战略布局问题、战略重点问题、战略举措问题、战略转变问题等。只有这样，才能有正确的战略谋划和战略行动，才能从全局上有效地推动我们的事业持续健康发展。

革命和建设时期的战略思维

程冠军：毛泽东是一位伟大的战略家。他把马克思主义普遍真理与中国革命具体实践相结合，创立毛泽东思想，创造性地回答了“什么是中国革命、怎样进行革命”一系列战略问题。请您介绍一下革命和建设时期，毛泽东的战略思维。

杨春贵：毛泽东作为我们党的第一代中央领导核心，在总结中国革命长期历史经验的基础上，把马克思主义普遍真理同中国革命的具体实践相结合，创立和发展了关于中国革命的科学指导思想——毛泽东思想。他关于中国革命战略和策略的论述，关于中国革命战争战略和战术的论述，关于战略思维理论和方法的论述，是我们党进行战略思维的杰出范例。他在这方面著作之多，内容之丰富、深刻和系统，为古今中外所罕见，是马克思主义理论宝库中的珍品，在我们党的战略思想发展史上具有开创性、奠基性的伟大意义。

毛泽东在《中国革命战争的战略问题》《抗日游击战争中的战略问题》《论持久战》《战争和战略问题》等军事著作中，系统论述了人民军队、人民战争和人民战争战略战术理论。他把游击战争提到战略地位，认为中国革命战争在长时期内的主要作战形式是游击战和带游击性的运动战，随着敌我力量对比的变化和战争发展的阶段变化，要及时而正确地实行军事战略转变。他为我军制定了在敌强我弱形势下实行战略的持久战和战役战斗的速决战，把战略上的劣势变为战役战斗上的优势，集中优势兵力、各个歼灭敌人等一系列战略战术。

毛泽东在《论反对日本帝国主义的策略》《目前抗日统一战线中的策略问题》《论政策》《关于打退第二次反共高潮的总结》《关于目前党的政策中的几个重要问题》《不要四面出击》《关于帝国

主义和一切反动派是不是真老虎的问题》等政治著作中，深刻阐明了政策和策略问题的极端重要性，强调必须把原则的坚定性和策略的灵活性结合起来。他指出，弱小的革命力量在变化着的主客观条件下能够最终战胜强大的反动力量；战略上要藐视敌人，战术上要重视敌人；要掌握斗争的主要方向，不要“四面出击”；对敌人要区别对待、分化瓦解，实行利用矛盾、争取多数、反对少数、各个击破的策略；实现对同盟者的领导，必须具备两个条件，一是率领他们同共同的敌人进行斗争并取得胜利，二是给他们必要的物质利益和正确的政治教育；等等。

在《论十大关系》《关于正确处理人民内部矛盾的问题》等著作中，毛泽东总结 20 世纪 50 年代中期国际共产主义运动中政治动荡的教训和我国社会主义建设初期的经验，提出“以苏为戒”、独立探索中国社会主义发展道路的战略思想，初步系统地论述了有关社会主义建设全局的十个重大关系，提出调动一切积极因素建设社会主义的战略方针；作出人民内部矛盾已经成为国家政治生活主题的战略判断，提出正确处理人民内部矛盾的一系列重大方针，如处理人民内部的是非矛盾要采取“团结—批评—团结”的方针，处理人民内部利益矛盾要采取“统筹兼顾、适当安排”的方针，处理共产党与民主党派的矛盾要采取“长期共存、互相监督”的方针，处理艺术、科学中的矛盾要采取“百花齐放、百家争鸣”的方针，等等。

毛泽东不仅创造性提出了指导革命和建设的一系列重大战略思想，而且结合实际论述了进行战略思维应当遵循的理论和方法，强调对干部应当进行战略思维的教育。1936 年 12 月他在《中国革命战争的战略问题》中说：“战略问题是研究战争全局的规律的东西”，“指挥全局的人，最要紧的，是把自己的注意力摆在照顾战争的全局上面。……如果丢了这个去忙一些次要的问题，那就难免要吃亏了。”他又说：“任何一级的首长，应当把自己注意的重心，放在那些对于他所指挥的全局说来最重要最有决定意义的问题或动作上，而不应当放在其他的问题或动作上。”他指出，即使是战役指挥员和战术指挥员，也应当重视研究战略问题，“因为懂得了全局性的东西，就更会使用局部性的东西”。他把马克思主义认识论与辩证法创造性运用于战略思维，深刻阐明了作为战争游泳术的军事辩证法、原则坚定性与策略灵活性相统一的政策策略辩证法，以及一系列富有中国共产党人特色的唯物辩证的领导方法和工作方法，为我们进行战略思维提供了科学的方法论指导。

毛泽东关于战略问题的著作，有许多是在革命战争时期和社会主义改造时期写成的，但这些著作仍然是我们今天必须学习的。这不仅因为历史不能被割断，不了解过去就会妨碍我们对今天问题的了解；而且因为这些著作中所包含的战略思维理论与方法具有普遍的指导意义。至于《论十大关系》《关于正确处理人民内部矛盾的问题》等著作，本来就是我们党独立探索中国社会主义建设道路所取得的理论成果，对于我们今天思考和解决发展中的重大战略问题，更具有重大现实指导意义。

改革开放新时期的战略思维

程冠军：邓小平也是一位伟大的战略家。他把马克思主义普遍真理与中国改革开放和现代化建设实际相结合，创立邓小平理论，成功开创中国特色社会主义，创造性地回答了“什么是社会主义、怎样建设社会主义”一系列战略问题。以江泽民同志为核心的党的第三代中央领导集体、以胡锦涛同志为总书记的党中央续写了中国特色社会主义的精彩篇章。请您谈谈改革开放新时期，邓小平、江泽民、胡锦涛的战略思维。

杨春贵：以1978年党的十一届三中全会为标志，我国社会主义建设进入改革开放新时期。这一时期，党的全部理论与实践活动的主题是坚持和发展中国特色社会主义。习近平总书记 2013 年 1 月 5 日在新进中央委员会的委员、候补委员学习贯彻党的十八大精神研讨班上指出，这“是一篇大文章”，“邓小平同志为它确定了基本思路和基本原则，以江泽民同志为核心的党的第三代中央领导集体、以胡锦涛同志为总书记的党中央在这篇大文章上都写下了精彩的篇章”。

邓小平作为我们党的第二代中央领导集体的核心，在总结国际国内社会主义历史经验特别是改革开放以来新鲜经验的基础上，创造性回答了“什么是社会主义、怎样建设社会主义”这一重大历史课题，形成和发展了建设中国特色社会主义的科学指导思想——邓小平理论。这是对毛泽东思想的继承和发展，是我们党在社会主义建设新时期进行战略思维的杰出范例。

在“文化大革命”结束后中国面临向何处去的重大历史关头，邓小平以无产阶级革命家的政治智慧和战略远见，把端正思想路线提到首位，势如破竹地推动了党的指导思想和各条战线的拨乱反正，开创了我国社会主义事业发展的新局面。他在 1978 年 12 月 13 日发表的重要讲话《解放思想，实事求是，团结一致向前看》，成为我们党开创中国社会主义建设新道路、新理论的解放思想、实事求是的宣言书，是社会主义建设新时期我们党进行战略思维的开篇之作。他抓住“什么是社会主义、怎样建设社会主义”这个建设中国特色社会主义的首要的基本问题，深刻揭示社会主义本质，领导全党和全国人民从“以阶级斗争为纲”转到以经济建设为中心，从封闭半封闭转到改革开放，从计划经济转到社会主义市场经济，把人们对社会主义的认识提高到新的科学水平。他深刻揭示中国社会主义初级阶段基本国情，领导我们党制定了“一个中心、两个基本点”的基本路线和分三步走基本实现社会主义现代化的发展战略，以及一系列经济社会发展战略。如先富带后富帮后富、最终实现共同富裕的大政策，沿海和内地“两个大局”的发展战略，把“三农”问题放在重要战略地位，发展经济主要靠科技和教育，以“一国两制”实现祖国和平统一的战略构想，等等。他以宽广的眼界观察世界，抓住和平与发展这个时代主题、经济全球化这个历史大趋势以及新的科学技术革命这个难得的历史机遇，引领中国在全方位对外开放中建设社会主义，使古老的中国大踏步赶上时代潮流。他不愧为我国改革开放和社会主义现代化建设的总设计师。1992 年春天，面对东欧剧变、苏联解体和国内政治风波的严峻考验以及来自“左”、右两个方面错误思潮的干扰，邓小平发表南方谈话，深刻回答了长期束缚人们思想的许多重大认识问题，为当代中国发展进步进一步指明了方向。这个关键时刻的关键谈话，成为加快改革开放和现代化建设步伐的又一部解放思想、实事求是的宣言书。以这次谈话为标志，我国改革开放和现代化建设事业进入了一个新的阶段。

邓小平像毛泽东一样，历来也十分重视对干部进行战略思维教育。1954 年 1 月 25 日，他在全国财政厅局长会议上的讲话中说：“毛主席曾经指出，我们党历来是重视战略的，部队的战士、伙夫都关心战略，只要把战略形势讲清楚，问题就好办了。毛主席的话说得很对。例如粮食的征购，只要把战略问题和全局问题摆开来，就可以得到解决。”“财政部门要看到大事，要有战略观念。”1961 年 12 月 27 日，他谈到妇联工作时指出：“妇女工作一定要管本行，议大事”，“把眼界搞开阔些”，“只看到一个家，不看到国，那怎么行。妇女干部要看世界，农村妇女也要看世界”。1977 年 12 月 28 日，他在中央军委全体会议上的讲话中说：“没有明确的战略方针，好多事情都不好办。”“要提倡顾全大局。有些事从局部看可行，从大局看不可行；有些事从局部看不可行，从大局看可行。归根到底要顾全大局。”1989 年 5 月 31 日，他在同两位中央负责同志谈话时说：“考虑任何问题都要着眼于长远，着眼于大局”，“眼界要非常宽阔，胸襟要非常宽阔，这是对我们第三代领导人最根本的要求”，“要从大局看问题，放眼世界，放眼未来，也放眼当前，放眼一切方面”。1990 年 3 月 3 日，他在同几位中央负责同志谈话时指出：“不能只在眼前的事务里面打圈子，要用宏观战略的眼光分析问题。”

在世纪之交，以江泽民同志为主要代表的中国共产党人和以胡锦涛同志为主要代表的中国共产党人，面对世界的新变化和中国的新发展，高举邓小平理论伟大旗帜，大力推进实践创新和理论创新，进一步回答了“什么是社会主义、怎样建设社会主义”的问题，创造性地回答了“建设什么样的党、怎样建设党”“实现什么样的发展、怎样发展”的问题，进一步丰富和发展了中国特色社会主义理论体系。江泽民提出，要正确处理社会主义现代化建设中十二个重大关系，强调改革、发展、稳定是三枚关键棋子，改革是动力，发展是目的，稳定是前提。江泽民提出“三个代表”重要思想，即我们党要始终代表中国先进生产力的发展要求，代表中国先进文化的前进方向，代表中国最广大人民的根本利益。这是立党之本、执政之基、力量之源，实现了党的建设指导思想的与时俱进。胡锦涛提出以人为本、全面协调可持续的科学发展观，指出：“科学发展观，第一要义是发展，核心是以人为本，基本要求是全面协调可持续，根本方法是统筹兼顾。”这是马克思主义世界观和方法论在发展问题上的集中体现，对新形势下“实现什么样的发展、怎样发展”作出了科学回答，是建设中国特色社会主义必须长期坚持的重大战略思想。胡锦涛提出关于社会主义和谐社会的战略构想，认为这是建设中国特色社会主义的重要战略任务，进一步丰富和完善了我们党关于建设中国特色社会主义的总体布局。以上这些是我们党在世纪之交进行战略思维的新成果，续写了中国特色社会主义新篇章。

江泽民和胡锦涛也十分重视对干部进行战略思维教育。2000 年 6 月 9 日，江泽民在全国党校工作会议上的讲话中说：“要大力培养中青年领导干部的战略思维能力，使他们善于从实际出发不断研究解决改革发展稳定中的重大问题。”党的十六大第一次把提高战略思维能力的要求写入党代会报告。江泽民在党的十六大报告中强调：“必须以宽广的眼界观察世界，正确把握时代发展的要求，善于进行理论思维和战略思维。”胡锦涛在党的十七大报告中再一次强调，要“加强战略思维”。2009 年 9 月 18 日，党的十七届四中全会通过的《关于加强和改进新形势下党的建设若干重大问题的决定》，要求中央委员和省部级领导干部要“切实提高战略思维、创新思维、辩证思维能力”。

进入新时代以来的战略思维

程冠军：习近平总书记十分重视战略思维。他在重要文章《辩证唯物主义是中国共产党人的世界观和方法论》中强调："当前，我国社会各种利益关系十分复杂，这就要求我们善于处理局部和全局、当前和长远、重点和非重点的关系，在权衡利弊中趋利避害、作出最为有利的战略抉择。"请您为我们解读一下进入新时代以来，习近平总书记的战略思维。

杨春贵：党的十八大以来，以习近平同志为核心的党中央围绕坚持和发展中国特色社会主义这个主题主线和实现中华民族伟大复兴的战略目标，以巨大的政治勇气和强烈的责任担当提出一系列新理念、新思想、新战略，统筹推进"五位一体"总体布局，协调推进"四个全面"战略布局，统筹国际国内两个大局，创造性回答了"新时代坚持和发展什么样的中国特色社会主义、怎样坚持和发展中国特色社会主义"，形成了习近平新时代中国特色社会主义思想，推动党和国家事业发生了历史性变革。这是我们党在新时代坚持和发展中国特色社会主义进行战略思维的杰出范例。

在当代中国发展进步的战略方向上，习近平总书记强调，要一以贯之地坚持和发展中国特色社会主义。这是党的十一届三中全会以来党的全部理论与实践活动的主题。我们既不走封闭僵化的老路，也不走改旗易帜的邪路，而是坚定不移地走中国特色社会主义道路。在这个根本方向问题上，必须有很强的战略定力，不断增强道路自信、理论自信、制度自信、文化自信。

在当代中国发展进步的战略目标上，习近平总书记强调，要不忘初心，牢记使命，矢志不移为实现中华民族伟大复兴的中国梦而奋斗。党的十九大对现阶段我国发展的历史方位作出科学的战略判断，指出："经过长期努力，中国特色社会主义进入了新时代"，"我国社会主要矛盾已经转化为人民日益增长的美好生活需要和不平衡不充分的发展之间的矛盾"。据此作出决胜全面建成小康社会、开启全面建设社会主义现代化国家新征程的战略安排，即到 2035 年基本实现社会主义现代化，到 21 世纪中叶把我国建成富强民主文明和谐美丽的社会主义现代化强国。这为实现中华民族伟大复兴进一步指明了方向。

在当代中国发展进步的战略布局上，习近平总书记强调推进"四个全面"，即全面建设社会主义现代化国家、全面深化改革、全面依法治国、全面从严治党。体现了战略目标和战略举措的统

一、战略全局和战略重点的统一，明确了新时代治国理政的总方略。在这个基础上，进一步确立了全党全国各个方面工作的重大战略，包括经济社会发展战略、全面深化改革战略、全面依法治国战略、军队和国防现代化战略、总体国家安全战略、中国特色大国外交战略，以及全面从严治党战略等。

习近平总书记对我们党的战略思维的历史及其经验十分熟悉，对提高各级领导干部战略思维能力十分重视，对具有中国共产党人特色的战略思维理论和方法的论述十分丰富。他深刻指出：“战略问题是一个政党、一个国家的根本性问题。”战略思维能力，就是高瞻远瞩、统揽全局、善于把握事物发展总体趋势和方向的能力。这种能力对于领导干部至关重要，“把方向、抓大事、谋全局，是‘一把手’的根本职责”，“各级党政‘一把手’要站在战略的高度，善于从政治上认识和判断形势，观察和处理问题”。他强调，各项工作都要“把围绕中心、服务大局作为基本职责，胸怀大局、把握大势、着眼大事，找准工作切入点和着力点，做到因势而谋、应势而动、顺势而为”。他在浙江任省委书记时，要求各地、各部门的领导干部“努力增强总揽全局的能力，放眼全局谋一域，把握形势谋大事，以‘登东山而小鲁’、‘登泰山而小天下’的气度和胸襟，始终把全局作为观察和处理问题的出发点和落脚点，以全局利益为最高价值追求，以世界眼光去认识政治形势，把握经济走势，了解文化态势；用战略思维去观察当今时代，洞悉当代中国，谋划当前浙江，切实把本地、本部门的工作放到国际国内大背景和全党全国全省的工作大局中去思考、去研究、去把握，不断提高领导工作的原则性、系统性、预见性和创造性”。

现在，我们的事业进入中国特色社会主义新时代，我们的改革进入全面深化的攻坚期，一些社会领域进入矛盾凸显期，新问题多，深层次问题多，两难选择问题多；国际形势复杂多变，综合国力竞争和各种力量较量更趋激烈，不确定、不稳定因素增多。面对艰巨的历史任务和复杂的国际国内形势，更加要求我们切实提高处理繁杂问题、驾驭复杂局面的战略思维能力。形势越是复杂，越是需要我们学会分析，把握本质、主流和趋势；任务越是艰巨，越是需要担当和智慧，真正做到在战略上藐视困难，在战术上重视困难；情况越是变化，越是需要我们与时俱进，不断推进理论创新和实践创新。

百年大党的精神引领力

——对话中共中央党史和文献研究院原院务委员 陈晋

陈晋，中共中央党史和文献研究院原院务委员（副部长级），中国中共文献研究会副会长兼毛泽东思想生平研究会会长，中国毛泽东诗词研究会会长，研究员。长期从事中共党史和理论、毛泽东等党的领袖人物研究，以及党史文献和理论电视片撰稿。主要研究成果有《毛泽东传（1893—1949）》（执笔者之一）、《毛泽东年谱（1949—1976）》（执笔者之一，副主编）、《毛泽东与中国道路》、《毛泽东时代的中国》、《为了初心和使命》等。主要论著有《中国道路与文化自信》《读毛泽东札记》《世纪小平》《陈晋自选集》等10余部。先后担任《毛泽东》《邓小平》《周恩来》《新中国》《筑梦路上》等10余部大型电视文献片和理论片总撰稿，多次获中国图书奖、全国“五个一工程”奖、年度“中国好书”、电视金鹰奖、电影华表奖等。

中国共产党经过百年不懈奋斗，终于引领中华民族迎来了从站起来、富起来到强起来的伟大飞跃。回望来路，这个百年大党何以会成为引领中华民族伟大复兴的中流砥柱？其中的奥秘就是中国共产党人独特的精神密码——百年大党的精神引领力。精神的力量是无穷的。习近平总书记指出：“人无精神则不立，国无精神则不强。”中国共产党始终成为时代先锋、民族脊梁，就在于其拥有伟大的精神力量。新时代，为了进一步增强“四个意识”、坚定“四个自信”、做到“两个维护”，筑牢信仰之基、补足精神之钙、把稳思想之舵，从而更好地统揽伟大斗争、伟大工程、伟大事业、伟大梦想，我们有必要回顾中国共产党人的精神历程，梳理中国共产党的精神谱系，破译中国共产党人的精神密码。

中国共产党的精神谱系

程冠军：您对中国共产党的精神谱系有深入研究，中国共产党的精神谱系是如何形成和发展的呢？

陈晋：大事业、大奋斗，总会呼唤并滋养着相应的大精神。中国道路没有大精神的支撑，是走不出来的，也不可能形成含英咀华的软实力和相应的文化自信。

中国共产党区别于其他政党的一个显著标志，是在她甫一出世，便开始铸造不同于其他政党的精神气质。在一个世纪的奋斗历程中，培育形成了一系列彰显党的性质、宗旨和品格，体现人民和时代要求，凝聚各方力量的精神谱系。它们来自并彰显于革命、建设和改革实践，支撑着中国道路探索拓展的前行步伐，事实上成为中国道路的精神谱系。这个精神谱系，既是中国共产党党内文化的突出特征，也是涵养中国道路软实力的深厚文化土壤。

铸造党的精神，是党的建设的基础内容。回顾历史，习近平总书记提出，毛泽东创造性地解决了在中国这种特殊的社会历史条件下建设马克思主义政党的一系列重大问题，从而把党建设成为"用科学理论和革命精神武装起来的"政党。把科学理论武装和革命精神武装并列在一起使用，突出了精神武装在党建中的特殊作用，说明中国共产党不仅重视思想（理论）建党，也重视精神（道德）建党。

在领导人民探索、形成和发展中国道路的历史进程中，党的精神建设发挥了重要作用。中国共产党的精神当然不是一开始就固定成型的。它的创造和实践，经由不同的途径方式，是一个既一脉相承又与时俱进的历史过程。具体说来，经由以下途径和方式。

一是中国共产党成立时体现出来的红船精神，是其后来一系列精神创造的起始点。红船精神的内涵是“开天辟地、敢为人先的首创精神，坚定理想、百折不挠的奋斗精神，立党为公、忠诚为民的奉献精神”。首创、奋斗、为民，在相当程度上揭示了为什么出发的初心和怎样肩负起使命开拓前行。正是这初心和使命，成为中国共产党精神建设的逻辑和历史起点。

二是把党的精神和党员个体精神联系起来建设。毛泽东说过一句名言，“人是要有一点精神的”，但人们往往忽略这句话的下半句，“无产阶级的革命精神就是由这里头出来的”。这表明只有铸造好党员个体精神世界，才可能形成整个党的整体精神世界及其外化的优良作风。中国共产党的精神建设立足于党员个体的实践，体现为党员个体精神的影响和昭示、总结和推广。比如，毛泽东以他的精神风范影响和带动了党内良好作风的形成，包括他在任何困难面前绝不低头，不怕鬼、不信邪，敢于斗争、敢于胜利的鲜明个性，从人民群众利益的角度考虑问题的坚定立场，善于向群众学习、向实践学习、向书本学习的领导方法等。

三是贴近实践和时代需要来培育和塑造党的精神。中国共产党常常是立足于历史任务的转变和现实的需求，来倡导相应的精神建设的。中国共产党是由两大目标或者使命导引前行的。一个是实现民族独立和人民解放，一个是实现国家富强和人民幸福。这两大目标的递进，构成了中华民族伟大复兴的历史行程。1949年的“进京赶考”，恰恰处于两大目标的衔接之处，处于从农村到城市，从革命到建设，从打碎一个旧世界到建设一个新世界，从站起来走向富起来、强起来的历史转折关头。在这样的关头，如何看待未来行程，中国共产党的认识清醒，讲得也很清楚：革命的胜利，“这只是万里长征走完了第一步”，“只是一出长剧的一个短小的序幕”，在新的时代，要谱写好这出长剧的主要“乐章”，将是更为艰巨的奋斗过程，中国共产党人将经受更加严格的考验。因此，成为全国的执政党，不是行程的结束，而是“赶考”的开始。

那么，在新的时代任务面前，需要什么样的精神作风呢？由此，党的七届二中全会自觉地开始塑造以“两个务必”为核心的西柏坡精神。当时，毛泽东的心情是复杂的，既高兴，又担心。他担心有的党员干部在胜利面前骄傲起来，不愿再艰苦奋斗而脱离群众，因此提出务必“继续地保持谦虚、谨慎、不骄、不躁的作风”；他担心有的党员干部被“糖衣炮弹”打倒，蜕化变质，提出务必“继续地保持艰苦奋斗的作风”。“两个务必”包含着对胜利的政党永葆先进性和纯洁性、对即将诞生的人民政权实现长治久安的深刻忧思。这就为新中国成立后党的精神建设树立起一个重要坐标。新中国成立后，他又及时提出要树立自力更生、艰苦奋斗、勤俭建国的精神作风。

四是以科学的思想理论来引领和强化党的精神。毛泽东思想和中国特色社会主义理论体系，是中国共产党精神的理论支撑。这当中，直接而深入地阐述党的精神建设的经典文献不在少数。毛泽东的“老三篇”——《为人民服务》《纪念白求恩》《愚公移山》，刘少奇的《论共产党员的修养》等，事实上成为中国共产党人的“道德经”。

程冠军：刚才您谈了中国共产党精神谱系的形成脉络，那么这个精神谱系又是如何凝练和概括的呢？

陈晋：中国共产党人一路走来创造的精神，可以从两个方面来认识和概括。

一是理论上的认识和概括。人们经常谈到对马克思主义、社会主义、共产主义的坚定信仰；实事求是，独立自主，自力更生；理论联系实际，密切联系群众，批评与自我批评；为人民服务，一切为了群众，一切依靠群众；大公无私、遵守纪律、奋斗奉献、开拓创新等。

二是从历史和实践的角度来认识和概括。中国共产党在领导人民探索、形成和发展中国道路的过程中积累的精神，是由一个个鲜明具体的历史和实践“坐标”组成的，进而形成一个可以长久涵养后人的精神谱系。

这个精神谱系炫目多彩，前后相接，多以地点、事件或代表人物命名，已经或正在命名的就有30来种。诸如，在革命时期，有红船精神、井冈山精神、苏区精神、长征精神、延安精神、抗战精神、沂蒙精神、红岩精神、西柏坡精神等；在建设时期，有抗美援朝精神、好八连精神、大庆精神、铁人精神、红旗渠精神、雷锋精神、焦裕禄精神、“两弹一星”精神等；在改革时期，有女排精神、拓荒牛精神、新时期创业精神、孔繁森精神、抗洪精神、抗击非典精神、抗震救灾精神、北京奥运精神、载人航天精神、劳模精神、中国精神、抗疫精神等。这个精神谱系中每种精神的具体内涵，有的经过党和国家主要领导人做了明确论述和界定，有的经过宣传部门在报刊上做了广泛推荐和介绍。

这个精神谱系，犹如鲜活生动的历史链条，把中国共产党创造的一系列精神，把探索、形成和发展中国道路的一系列精神，串接起来了，展示出来了。它是中国共产党领导人民在实践中集体奋斗和创造的产物，是在不同历史时期波澜壮阔的行程中积累和发展起来的。列入这个精神谱系中的每种具体精神，犹如精神链条中的每个环节、精神长河中的每个坐标。它们的价值和作用跨越时空，相互之间有共性，也有个性。

阅读中国共产党的精神谱系，很容易感受到先辈和英烈们前仆后继的崇高人格境界和道德力量，体会到党的优良传统和精神作风，理解到在党领导人民探索、形成和发展中国道路的过程中，为什么有那样大的前进动力和感召力。可以说，这个精神谱系是近代以来中华民族精神主航道里跳动得很激昂美丽的浪花，是先进人群的世界观、人生观、价值观的生动展示，是当代中国精神的红色基因和红色文化的源和流，是实现中国梦必须弘扬的中国精神的先进内核和精华部分。归根结底，它是中国道路的精神谱系。

中国共产党的精神密码

程冠军：中国共产党和中国道路的精神谱系具有什么样的思想内核和实践属性？通过其思想内核和实践属性，我们又该如何进一步诠释中国共产党人的精神密码？

陈晋：精神谱系中的各个精神坐标之间，有相通相融的共性，有基础性的思想内核，有一以贯之的理念内容。党的文献正式概括的各种精神当中，理想信念、实事求是、艰苦奋斗、甘于奉献这样一些概念出现的频率最高，在红船精神、井冈山精神、苏区精神、长征精神、延安精神、大庆精神、焦裕禄精神、“两弹一星”精神、载人航天精神、劳模精神中，都有相同或相近的表述。可以说，这些都属于党的精神谱系中的基础内容。

除了基础内容，精神谱系中还有一个一以贯之的思想内核，就是人们常说的“理想信念”。

理想是人们追求的目标，信念是人们向着这个目标前进的意志和定力。理想崇高，能强化信念；信念坚定，能坚守崇高。习近平总书记指出，“在革命、建设、改革各个历史时期，有无数共产党员为了党和人民事业英勇牺牲了，支撑他们的就是‘革命理想高于天’的精神力量。”一个世纪以前，当一群平均年龄28岁的年轻人，在那艘红船上描绘出远大理想和奋斗目标的时候，也为新生的即将远航的中国共产党奠定了初心和使命。在风风雨雨跨越世纪的行程中，确实有人上了“船”又跳了“船”，但从不影响这艘“红船”朝向目标前进的定力。中国共产党在长期艰苦卓绝的奋斗中，历经曲折而不畏艰险，屡受考验而不变初衷，由小到大，由弱变强，靠的就是坚定的理想信念和百折不挠的革命精神，靠的就是为人民谋幸福、为民族谋复兴的初心和使命，靠的就是真理的力量和人格的力量。这说明，理想信念是中国共产党精神谱系之“魂”，是中国道路精神谱系的核心内容和根本优势。

中国道路的精神谱系既然拥有连贯的思想内核，相互之间自然也呈现为继承和发展的关系，其实践价值也不会时过境迁。

精神谱系中“坚定理想信念”这一思想内核，仍然是新时代中国道路上前行的中国共产党人的精神之“钙”。因为我们依然会遭遇各种各样的“娄山关”“大渡河”和“腊子口”，依然面临着许多方面的重大困难、重大挑战、重大风险、重大考验。要经得起风浪，精神不懈怠，做到百折不挠地前进，不忘初心、牢记使命，时刻牢记为什么出发，坚定道路自信，保持政治定力、道德定力、战略定力、前进定力。

程冠军：从您刚才的解读中我们看到，理想信念是中国共产党精神谱系的思想内核。任何一种精神既要有其思想内核，也要有其具体坐标。您认为，中国共产党精神谱系的坐标是什么呢？

陈晋：从精神谱系的具体坐标来说，建设时期形成的焦裕禄精神，其“亲民爱民、艰苦奋斗、科学求实、迎难而上、无私奉献”的内容，不仅揭示了我们党在建设年代的“赶考”精神，是发扬光大西柏坡精神的结果，同时也昭示了党员领导干部在新时代中国道路上应该具有的精神风貌，具有强烈的现实针对性。从“赶考”起点到建设年代，从建设年代到改革开放新时期，再到中国特色社会主义新时代，“赶考”路上的精神风貌总是在继承和发展的互动中得以体现。

把真理的力量、理想的力量转化为人格的力量，是通过丰富具体的实践来实现的。由此，精神谱系中的每一个精神坐标都有鲜明的实践属性，都不是抽象的存在，而是以立体方式呈现出来的。

从理念内容上讲，每种精神都有丰富的内涵。长征精神的精神内涵：把全国人民和中华民族的根本利益看得高于一切，坚定革命的理想和信念，坚信正义事业必然胜利的精神；为了救国救民，不怕任何艰难险阻，不惜付出一切牺牲的精神；坚持独立自主、实事求是，一切从实际出发的精神；顾全大局、严守纪律、紧密团结的精神；紧紧依靠人民群众，同人民群众生死相依、患难与共、艰苦奋斗的精神。延安精神的精神内涵：坚定正确的政治方向是灵魂，解放思想、实事求是的思想路线是思想精髓，全心全意为人民服务的根本宗旨是本质体现，自力更生、艰苦奋斗的创业精神是显著特征。

从理念和实践的关系角度讲，每种精神的内涵虽然是被概括出来的几个特定概念，但每个概念都不是随意加上去的，而是从大量看得见、摸得着、感受得到的具体人物事件或重大决策过程中抽象出来的。比如，说到红船精神，会想到李大钊、陈独秀、毛泽东等人在五四运动前后对救国真理的多方寻求和反复比较，想到那一代共产党人敢为人先、开天辟地的信仰选择；说到井冈山精神，会想到“星星之火，可以燎原”的景观和这种景观背后的信心和信念，想到三湾改编和“不拿老百姓一根红薯”，还可以想到朱德挑粮上山的那根扁担；说到长征精神，呈现在眼前的是血战湘江、遵义转折、四渡赤水以及大渡河、腊子口等；说到抗美援朝精神，忘不了黄继光、邱少云、罗盛教、毛岸英；说到焦裕禄精神，忘不了风沙，还有风雪交加的车站夜晚以及那把被顶出一个大洞的藤椅。

如果光有理念口号，而不能落到实处见人见事，那样的精神是感动不了人、影响不了人的。说到底，没有生动实践，就谈不上精神魅力。一种价值观要真正发挥作用，必须融入社会生活，让人们在实践中感知它、领悟它。要注意把我们所提倡的与人们的日常生活紧密联系起来，在落细、落小、落实上下功夫。中国道路上的精神谱系，无一不是落细、落小、落实的历史存在，因而才可能汇成为后人长久感知和领悟的精神河流。

中国共产党的精神力量

程冠军：精神的力量是无穷的。一个人拥有精神才会拥有自觉，一个政党亦是如此。正是因为拥有了精神的力量，中国共产党人才能够始终站在道义的制高点上，才能够始终坚持以人民为中心、全心全意为人民服务，才能够为了革命、建设和改革事业无私奉献甚至不惜献出宝贵的生命。您怎么看这种强大的精神力量？

陈晋：中国共产党的精神谱系和中国道路上的精神谱系之所以具有穿越时空的感染力和影响力，是因为它占据了道义高点，拥有崇高的道德魅力。它是中国共产党人智慧、情感、意志、理想、信念、人格的审美升华。毛泽东提倡做高尚的人，有道德的人，纯粹的人，脱离了低级趣味的人，就是对中国共产党精神所包含的道德品格的揭示。

党的精神谱系中的每一种精神，都彰显了先进人群在特定环境和特定考验面前的价值选择和道德实践，把它们组合起来，就是人类精神世界良好美善的崇高天地。其中，有选择和坚守远大理想信念，为美好未来奉献和牺牲一切的崇高；有不信邪、不怕鬼，敢于斗争、敢于胜利的崇高；有顾全大局、遵守纪律、维护团结的崇高；有不求名利、埋头实干、大公无私，甘愿为人民的利益奉献一切的崇高；有自力更生、艰苦奋斗、锲而不舍，开创事业新局面的崇高；有万众一心、众志成城，不怕困难、顽强拼搏的崇高；有爱中华民族、爱中国、爱社会主义的崇高，凡此等等，不一而足。

更重要的是，精神谱系的创造者和践行者还拥有一种高度的道德自觉。仅以在南京雨花台牺牲的英烈们所体现的信仰至上、慨然担当、舍生为民、矢志兴邦的精神来说，其中有四点给人的印象很深。

一是雨花英烈比较集中地牺牲在 1927 年大革命失败后的一段岁月。那时，中国共产党处于罕见的逆境当中，英烈们又奋斗牺牲在国民党反动派的统治区域，他们以自己的生命抒写了富贵不能淫、贫贱不能移、威武不能屈的崇高精神。

二是雨花英烈中不少人出身家境都不错，也就是说，他们不是为生活所迫投身革命的，而是真正为追求远大理想信念而奋斗牺牲的。

三是雨花英烈中不少人具有比较高的文化知识水平，大学毕业生不少，甚至还有一些留学生。这就说明他们对为之奋斗牺牲的理想信念有比较高的思想自觉，因而他们对理想信念的忠诚是发自内心的，拥有对真理的认识和把握高度。

四是雨花英烈牺牲时大多处在青春年华，最小的才16岁，这在今天具有特别的感染力和现实针对性，让人想起梁启超的“少年中国说”、李大钊的“青春”说。

这样一些特点，使雨花英烈常常结合自己为之奋斗的事业来思考怎样做人、怎样做事，道德自觉非常明显。比如，恽代英的名言：“好人是有操守的，好人是有作为的，好人是要能够为社会谋福利的。”罗登贤的名言：“什么也不能动摇我，我将我的生命给我们的党与人民大众。”胡秉铎的名言：“齐家治国平天下，由吾辈担当。”这些崇高精神在今天的继承和发扬，毫无疑问会在全社会激发起高尚的道德意愿和道德情感，培育正确的道德判断和道德责任，提高道德实践能力尤其是自觉践行能力，形成“向上”“向善”的价值观和推动力。

百年大党让精神引领未来

程冠军：人无精神则不立，国无精神则不强。党无精神则不能成为一个永葆先进性和纯洁性的政党。一部中国共产党人的奋斗史，也是一部中国共产党人的精神史，同时也是一部近代以来中华民族的精神史诗。中国共产党的精神与中华民族的精神之间到底是一种什么关系？在未来的岁月里，中国共产党人如何以精神的力量引领中华民族走好中国道路？请您谈谈自己的看法。

陈晋：中国共产党在中国道路上积累的精神谱系，是民族精神和时代精神的集中体现。

民族精神体现了一个民族的理想、智慧、意志、情感、性格和传统，是民族生存和发展的精神支柱。2018 年 3 月，习近平总书记在十三届全国人大一次会议上，把中国人民在长期奋斗中培育、继承、发展起来的民族精神概括为四个方面，这就是伟大创造精神、伟大奋斗精神、伟大团结精神、伟大梦想精神。这些民族精神，是中国共产党精神的重要源泉，也是中国道路精神谱系的重要源泉。中国道路的精神谱系，是中华民族精神的继承和发展。中国共产党人用自己的精神感动了人民这个“上帝”，使他们“甘心情愿和我们一起奋斗”，这样，中国共产党的精神就延展为整个中华民族的精神。此外，传统的大同社会追求与共产主义理想，摩顶放踵与艰苦奋斗精神，舍生取义与英雄主义气概，知行合一与实事求是，自强不息与独立自主。凡此等等，都可看出中国道路上的精神谱系与中华民族精神之间继承和发展的关系。

时代精神是不同时期的先进社会形态及其发展趋势在精神上的反映，是人们在现实奋斗中最活跃的内在动力。民族精神只有随时代变化实现创造性转换和创新性发展才有活力。党的精神谱系的创造者和践行者，总是根据时代背景和历史任务的要求，焕发出不断延展的具有鲜明时代特征的精神气象。比如，在革命年代，为了民族独立和人民解放，形成了以不畏艰险、坚守信念、敢于牺牲、勇往直前为重点的斗争精神。在建设年代，面对贫穷和落后，为了建设社会主义新中国，形成了以自力更生、奋发图强、艰苦奋斗、无私奉献为重点的创业精神。在改革年代，为了国家富强、民族振兴和人民幸福，形成了以开拓创新、锐意进取、求真务实为重点的改革创新精神。

即使是同一个历史时期，因为处于不同的奋斗阶段，面临不同的现实环境，中国共产党人创造的精神也各有特色。在革命时期，红船精神主要是确立信仰、树立远大理想，井冈山精神主要是开创革命道路，西柏坡精神主要着眼于革命胜利后党的建设。在建设时期，大庆精神、铁人精神主要是艰苦创业，雷锋精神主要树立起时代的人格典范。在改革时期，拓荒牛精神主要是推动改革创新，抗洪精神、抗击非典精神、抗震救灾精神、抗疫精神主要昭示万众一心去战胜困难，劳模精神、中国精神则着眼于为实现中国梦而奋斗。

人们常说，让历史告诉未来。历史究竟凭借什么告诉未来？一凭经验，二凭精神。精神是创造、汲取、运用经验的先导和内在动力，精神奠定着经验的价值取向，精神还可以直接沉淀为经验。因此，一定程度上讲，历史凭借的是过往的人和事所展示的精神底蕴，来告诉未来的。中国共产党的精神谱系、中国道路的精神谱系，昭示出当代中国的精神底蕴，是培育、弘扬和实践社会主义核心价值观的灵魂性内容。坚持和发扬中国道路上的精神谱系，能够为培育和践行社会主义核心价值观提供丰厚营养，使社会主义核心价值观教育更加具有震撼人心、塑造灵魂的作用，进而为走好中国道路提供精神纽带和前进动力。

程冠军：百年历史证明，中国共产党是一个具有强大领导力的党。党的十九大报告指出要“不断增强党的政治领导力、思想引领力、群众组织力、社会号召力”。这“四力”当中，无一不蕴含着党的精神引领力。您认为，我们应该如何从中国共产党领导力的视角来看中国共产党的精神引领力？

陈晋：增强党的政治领导力、思想引领力、群众组织力、社会号召力，归根结底，是增强党在治国理政伟大实践和开展具有许多新的历史特点的伟大斗争中的领导力。而党的领导力和党的精神引领力是相互促进的关系。领导力越强，精神引领力就越大，越具体，越有效果。反过来说，党的精神引领力越深入人心，越能够实现和彰显强大而有效的领导力。从这个角度讲，精神引领力事实上是我们党的领导力的组成部分。如果精神引领力弱化了，政治领导力、思想引领力、群众组织力和社会号召力也会受到影响。中国共产党在100年的风雨历程中，之所以有那样强大的政治领导力、思想引领力、群众组织力和社会号召力，很重要的原因，就是她领导人民创造和实践了一系列伟大精神，即我们前面谈到的精神谱系。在新时代增强党的精神引领力，就是要传承和弘扬党的精神谱系，把自我革命和社会革命结合起来，以自我革命引领社会革命。

百年大党的战略意志力

——对话全国政协常委、原国防大学副校长 毕京京

毕京京，十三届全国政协常委，全国政协文化文史和学习委员会委员，原国防大学副校长、教授、中将，中国辩证唯物主义研究会副会长。马克思主义理论研究和建设工程、国家社科基金重大项目“国家文化软实力建设研究”首席专家。主要研究方向为马克思主义哲学、马克思主义经济学、中国发展战略、军事战略思维。有《强国强军的战略思考》《中国特色社会主义论》《中国特色社会主义发展战略研究》等17部著作，发表论文130余篇。曾获全军图书奖、全国图书奖、全军政治理论研究优秀成果奖、全国精品课程奖等。

中国共产党具有无比坚定的战略意志力，这种战略意志力是中国共产党无比坚强的领导力的重要构成。新时代传承和弘扬党的战略意志力，对于我们坚定信心、保持定力，战胜挑战、排除万难，全面建设社会主义现代化国家、实现中华民族伟大复兴具有十分重要的战略意义。值此中国共产党百年华诞之际，探究中国共产党的战略意志力，具有重大意义与价值。

程冠军：习近平总书记在全国抗击新冠肺炎疫情表彰大会上的讲话中指出，“中国共产党所具有的无比坚强的领导力，是风雨来袭时中国人民最可靠的主心骨”。研究中国共产党领导力需要研究党的战略意志力。请您谈谈什么是中国共产党的战略意志力。

毕京京：任何奋斗目标都不会轻轻松松实现，前进道路从来不会一马平川。要实现战略目标，就要有战略意志。实现战略目标、战胜艰难险阻，既靠足够的战略实力，也靠坚定的战略意志。战略意志是一个政党、一个国家、一个民族实现战略目标、维护战略利益的坚定决心、政治勇气和顽强毅力。

百年来，在艰苦卓绝的伟大奋斗历程中，中国共产党不惧万难、不畏强敌，顽强拼搏、砥砺奋进，铸就了坚韧不拔、无坚不摧的战略意志，创造了举世惊叹的人间奇迹，谱写了波澜壮阔的英雄史诗。当今世界正经历百年未有之大变局，国际环境日趋复杂，不稳定性、不确定性明显增强，我们面临的风险挑战、阻力压力前所未有。习近平总书记指出："我们有坚强决心、坚定意志、坚实国力应对挑战，有足够的底气、能力、智慧战胜各种风险考验，任何国家任何人都不能阻挡中华民族实现伟大复兴的历史步伐。"这为我们坚定信心、保持定力，战胜挑战、排除万难，全面建设社会主义现代化国家、实现中华民族伟大复兴指明了方向。

中国共产党无比坚强的战略意志在革命、建设、改革中形成和发展，在困苦磨难中砥砺，在坎坷挫折中升华，并以此推动中华民族迎来了从站起来、富起来到强起来的伟大飞跃。中国共产党的战略意志力表现为坚如磐石的政治定力、民族复兴的雄心壮志、开拓创新的胆魄锐气、审时度势的果敢决断、敢战能胜的斗争精神、愚公移山的顽强毅力、坚忍持久的战略耐心、众志成城的磅礴伟力。

中国共产党战略意志力的实践砥砺

程冠军：任何理论都来源于实践并指导实践，同时要接受实践的检验并在实践中升华。请您谈谈中国共产党战略意志力的实践属性。

毕京京：战略意志是战略精神的构成要素，也是战略能量聚集、倍增和释放的枢纽，贯穿于战略制定和战略实施始终。《孙子兵法》强调“攻心夺气”。毛泽东说，“意志也者，固人生事业之先驱也。”在革命战争年代，他指出，“统一的战略意志”是“红军部队的行动的重要关键”。新中国成立后，他强调“人是要有一点精神的”。这里的“精神”，包含着由强大意志力量支撑的理想、信念、志向等。

中国共产党的战略意志具有遵循客观规律、依托物质实践的主观能动性。马克思主义强调世界的统一性在于它的物质性，物质决定精神，精神对物质也具有能动的反作用。意志作为精神力量，产生于社会实践又能推动社会实践，依托于物质力量又能激发物质力量。习近平总书记指出：“历史告诉我们，战争不仅是物质的较量，更是精神的比拼。没有顽强的意志，没有敢于牺牲的品质，再好的武器装备也不能保证胜利。”历史表明，中国共产党的战略意志牢牢置于唯物论、辩证法的基石之上，产生于社会实践，受到客观规律制约，注重在既定客观物质基础上充分发挥主观能动性去争取胜利。

中国共产党的战略意志在困苦磨难中砥砺，在坎坷挫折中升华。中国共产党经历的困苦磨难、风险挑战世所罕见，遇到的险境、危境、逆境和困境层出叠现。正是在惊世骇俗的万重磨难中，中国共产党人九死一生、百炼成钢，意志弥坚、斗志益增。从建党开辟新天地到建立新中国，从开启新时期到跨入新世纪，从站上新起点到进入新时代，始终以坚毅顽强的战略意志，战胜了一个个难以想象的困难和挑战，绘就了一幅幅气势恢宏的历史画卷，谱写了一曲曲气壮山河的奋斗赞歌。

以毛泽东同志为主要代表的中国共产党人独立自主、不屈不挠，前赴后继、英勇奋斗，开创和领导了新民主主义革命和社会主义革命，成功实现了中国历史上最深刻最伟大的社会变革。在民族危难、国势飘摇之际，中国共产党开天辟地、建党立党，中国革命面貌焕然一新。面对反动派大屠杀，中国共产党临危不惧、血性奋起，毅然开展武装斗争。井冈山时期，中国共产党坚定理想信念，“下斗争的决心，有耐战的勇气”，为中国革命开辟出一条成功之路。在长征中，中国共产党领导红军以大无畏的英雄气概战胜千难万险，征服人类生存极限，历尽苦难而淬火成钢，是用意志和勇气谱写的人类史诗。在抗日战争中，中国共产党以自己的政治主张、坚定意志、模范行动支撑起全民族救亡图存的希望，挺身而出、向死而生，成为夺取抗战胜利的中流砥柱，全体中华儿女万众一心、众志成城，凝聚起抵御外侮、救亡图存的共同意志，誓死赴难、浴血奋战，铸就了战争史上的奇观、中华民族的壮举。在解放战争中，中国共产党面对国民党的疯狂军事进攻，针锋相对、殊死搏斗，展现了决死斗争的英雄气概。1950 年 10 月，党中央和毛泽东以伟大气魄和战略胆识作出抗美援朝的战略决断，不畏世界头号强敌，敢打必胜、英勇牺牲，以“钢少气多”力克“钢多气少”，打出了新中国的国威军威，立起了顶天立地的新中国。

改革开放后，以邓小平同志为主要代表的中国共产党人，审时度势、果断决策，锐意进取、开拓创新，成功开创了中国特色社会主义。党的十一届三中全会作出实行改革开放的重大决策，实现了党的历史上具有深远意义的伟大转折。邓小平“以顽强的意志排除各种干扰，坚定不移推动正确路线方针政策的形成和实践”。他激励深圳经济特区为改革开放“杀出一条血路”。1982

年 9 月，邓小平与英国首相撒切尔夫人就香港前途问题进行会谈。面对撒切尔夫人要以非和平方式保留香港治权的威胁，邓小平不紧不慢地说，中国人穷是穷了点，但打起仗来还是不怕死的，充分显示出中国领导人坚定不移维护国家主权、民族尊严的战略意志。1992 年，他的南方谈话掷地有声：“基本路线要管一百年，动摇不得。”展示了我们党改革开放的坚定意志。世纪之交，以江泽民同志为主要代表的中国共产党人坚持党的十一届三中全会以来的路线方针政策不动摇，从容应对来自各方面的困难和风险，成功把中国特色社会主义推向 21 世纪。新世纪新阶段，以胡锦涛同志为主要代表的中国共产党人面对世情国情党情的深刻变化，坚持党的基本路线不动摇，战胜一系列重大挑战，成功在新的历史起点上坚持和发展了中国特色社会主义。

党的十八大以来，以习近平同志为核心的党中央不忘初心、牢记使命，攻坚克难、砥砺前行，以永不懈怠的精神状态和一往无前的奋斗姿态，奋力推进实现中华民族伟大复兴的宏伟目标，带领全党展现出目标坚定、信念执着，坚毅果敢、坚韧刚强，应对危局、开拓新局的战略意志，推动党和国家事业发生历史性变革、取得历史性成就，中国特色社会主义进入了新时代。习近平总书记明确指出，要时刻准备应对重大挑战、抵御重大风险、克服重大阻力、解决重大矛盾，以“踏平坎坷成大道，斗罢艰险又出发”的顽强意志，应对好每一场重大风险挑战，切实把改革发展稳定各项工作做实做好。面对突如其来的新冠肺炎疫情，党中央坚持统筹推进疫情防控和经济社会发展，扎实做好“六稳”工作、落实“六保”任务，确保完成决战决胜脱贫攻坚目标任务，全面建成小康社会，并乘势而上开启全面建设社会主义现代化国家新征程。中华民族伟大复兴向前迈出了新的一大步，社会主义中国以更加雄伟的身姿屹立于世界东方。

中国共产党战略意志力的理论品格

程冠军：中国共产党人把马克思主义基本原理同中国革命、建设、改革的具体实际和实践结合起来，形成了具有鲜明中国特色的马克思主义意志理论。您认为，中国共产党战略意志力具备什么样的理论品格？

毕京京：毛泽东说过：“我们中华民族有同自己的敌人血战到底的气概，有在自力更生的基础上光复旧物的决心，有自立于世界民族之林的能力。”这是从理论上对中华民族战略意志的高度概括和深刻揭示。党的十八大以来，习近平总书记从战略全局高度围绕“革命意志”“斗争意志”“顽强意志”“进取意志”等，深刻阐述了党的战略意志品质。我们党关于战略意志的理论博大精深，形成了独创性的思想内涵、理论表达和鲜明品格。

坚如磐石的政治定力。政治定力是战略意志之魂，也是战略意志的核心要素和压舱之石。中国共产党的战略意志，说到底是坚守信仰之志。井冈山时期，毛泽东为回答“红旗到底能打多久”的疑问，写下《星星之火，可以燎原》，瞻望中国革命前景，揭示必胜趋势，坚定了全党全军理想信心。正是秉持星火燎原的坚定信念和坚强定力，我们党历经千磨万击、战胜艰难险阻，不断走向胜利。邓小平说：“对马克思主义的信仰，是中国革命胜利的一种精神动力。”习近平总书记指出：“革命理想高于天。理想信念之火一经点燃，就永远不会熄灭。在中央苏区和长征途中，党和红军就是依靠坚定的理想信念和坚强的革命意志，一次次绝境重生，愈挫愈勇，最后取得了胜利，创造了难以置信的奇迹。”坚定战略意志是一种有方向、有信念、有气节的心理状态和实践过程。信念如炬、九死未悔。只要有信仰、信念、信心，就会愈挫愈奋、愈战愈勇，否则就会不战自败、不打自垮。崇高的理想、坚定的信念，永远是党的政治灵魂。我们要始终方向坚定、意志笃定，临危不乱、临难不惧，“咬定青山不放松”“乱云飞渡仍从容”，坚定不移发挥我国国家制度和国家治理体系的显著优势，筑牢信仰之基、补足精神之钙、把稳思想之舵。

民族复兴的雄心壮志。战略意志以战略志向为鲜明导向。中国共产党人的初心和使命，就是为中国人民谋幸福，为中华民族谋复兴。习近平总书记指出：“正是由于始终坚守这个初心和使命，我们党才能在极端困境中发展壮大，才能在濒临绝境中突出重围，才能在困顿逆境中毅然奋起。”李大钊在建党之际提出“中华民族之复活”概念。毛泽东年轻时就表达出“改造中国与世界”的雄心壮志。改革开放后，邓小平带领我们党设计了分三步走基本实现社会主义现代化的宏伟蓝图。他在 1987 年指出，我们要在 20 世纪末达到小康水平，21 世纪用三十到五十年时间达到中等发达国家的水平。“这就是我们的战略目标，这就是我们的雄心壮志。”江泽民明确提出“实现中华民族伟大复兴”概念，胡锦涛继续强调实现中华民族伟大复兴。党的十八大以来，习近平总书记明确提出实现中华民族伟大复兴的中国梦，指出：“我们这么大一个国家，就应该有雄心壮志。”当前，中华民族迎来了从站起来、富起来到强起来的伟大飞跃，迎来了实现中华民族伟大复兴的光明前景。党的十九届五中全会明确了“十四五”时期经济社会发展的主要目标、举措以及 2035 年远景目标。在全面建设社会主义现代化国家、实现中华民族伟大复兴的新征程上，社会主义中国将不断创造让世界惊叹的更大奇迹。

开拓创新的胆魄锐气。越是伟大的事业，往往越是充满艰难险阻，越是需要开拓创新。毛泽东是勇于开拓创新的光辉典范，他创造性地解决了马克思列宁主义基本原理同中国具体实际相结合的一系列重大问题，在中国革命的道路问题、建设马克思主义政党问题、建成新型人民军队问题、建立革命统一战线问题、提出和实施正确战略策略等诸方面作出了独特的理论和实践创造。毛泽东说："马列主义者要善于独立思考来运用马列主义。"要"有独创精神，学习与独创结合"。邓小平提出"走自己的道路，建设有中国特色的社会主义"，强调"看准了的，就大胆地试，大胆地闯"，"走不出一条新路，就干不出新的事业"。习近平总书记指出："要有逢山开路、遇河架桥的意志，为了创新创造而百折不挠、勇往直前。"创新是引领发展的第一动力。我们必须坚持创新在我国现代化建设全局中的核心地位，把科技自立自强作为国家发展的战略支撑，以勇于开拓的坚定意志激活创新的社会机制，真正形成天下英才聚神州、万类霜天竞自由的创新局面。

审时度势的果敢决断。战略决断是战略意志活动中最为惊心动魄、决定胜负存亡的关键。我们党的战略决断，是坚强党性、政治眼光、历史担当、坚毅果敢的意志结晶。毛泽东强调要审时度势，多谋善断，当机立断，果断决策。“单是谋不行，第一要多谋，第二还要能断。”“不要多端寡要，多谋寡断。谋是要多，但是不要寡断，要能够当机立断。”在秋收起义原定计划严重受挫的情况下，毛泽东清醒判断客观形势，断然主张放弃进攻长沙，将起义军转向敌人统治力量薄弱的农村山区，保存力量，再图发展，形成了中国革命中具有决定性意义的新起点。在解放战争中，面对国民党强大军队，毛泽东先后作出建立巩固的东北根据地、中原突围、转战陕北、千里跃进大别山、发起三大战略决战等战略决断，赢得了解放战争的伟大胜利。新中国成立后，毛泽东先后作出抗美援朝、炮击金门、中印边境自卫反击战等事关国运、维护主权的战略决断。毛泽东评价邓小平：他做事比较果断。邓小平思想敏锐、目光远大，多谋善断、举要驭繁，善于在关键时刻作出战略决断，如领导我们党作出实行改革开放的重大决策、制定党在社会主义初级阶段的基本路线等。他在《关于追踪研究外国战略性高技术发展的建议》上批示：“宜速作决断，不可拖延。”有力推动了我国高科技的发展。新时代，习近平总书记指出：“关键是时机和决断”，要“透过复杂现象把握本质，抓住要害、找准原因，果断决策”，要“全面权衡，科学决断”。以习近平同志为核心的党中央在改革发展稳定、内政外交国防、治党治国治军各方面，作出一系列历史性重大战略决断，充分显示了巨大的政治勇气、果敢的历史担当。

敢战能胜的斗争精神。斗争是实现战略意志的重要路径和基本手段。古今中外的坚强战略意志，都是迎难而上、向战而行，敢于亮剑、血性搏击。我们党诞生于国家内忧外患、民族危难之时，一出生就铭刻着斗争的烙印，一路走来就是在斗争中求得生存、获得发展、赢得胜利。我们党反复强调战斗意志。毛泽东所强调的“人民解放军的全体指挥员、战斗员，绝对不可以稍微松懈自己的战斗意志”，“这个军队具有一往无前的精神，它要压倒一切敌人，而决不被敌人所屈服”，“我赞成这样的口号，叫做‘一不怕苦，二不怕死’”等思想，都是强化斗争意志的理论指南。邓小平强调，各级领导干部要敢于负责、敢于斗争、敢字当头。习近平总书记指出：“必须安不忘危、存不忘亡、乐不忘忧，时刻保持警醒，不断振奋精神，勇于进行具有许多新的历史特点的伟大斗争。”在前进道路上，我们面临的风险考验只会越来越复杂，甚至会遇到难以想象的惊涛骇浪。我们必须坚定斗争意志，不信邪也不怕邪，不惹事也不怕事，骨头要硬，敢于出击，敢战能胜，正如习近平总书记所指出的：“我们决不会坐视国家主权、安全、发展利益受损，决不会允许任何人任何势力侵犯和分裂祖国的神圣领土。一旦发生这样的严重情况，中国人民必将予以迎头痛击！”

愚公移山的顽强毅力。1945 年 6 月，毛泽东发表著名的《愚公移山》演讲，号召全党下定决心，不怕牺牲，排除万难，去争取胜利。他借这个寓言故事昭示全党，中国革命，前途是光明的，道路是曲折的，必须以顽强毅力战胜一切困难。愚公移山精神，是毛泽东战略意志光彩夺目的标识，也是党战略意志坚韧顽强、刚毅不屈的生动写照。新时代，习近平总书记多次强调弘扬愚公移山精神，立下愚公移山志，咬定目标、苦干实干。“我们现在所处的，是一个船到中流浪更急、人到半山路更陡的时候，是一个愈进愈难、愈进愈险而又不进则退、非进不可的时候。”习近平总书记强调，我们已经进入“滚石上山、爬坡过坎的关键阶段”。要求“党员、干部特别是领导干部要以居安思危的政治清醒、坚如磐石的战略定力、勇于斗争的奋进姿态，敢于闯关夺隘、攻城拔寨”。面对波谲云诡的国际形势、复杂敏感的周边环境、艰巨繁重的改革发展稳定任务，必须有滚石上山、攻坚克难的顽强意志，有迎难而上、挺身而出的担当精神，有逢山开路、遇水架桥的胆略锐气，有“我将无我、不负人民”的精神境界，有永不低头、永不气馁的刚健勇毅，始终具有压倒一切敌人而不被任何敌人所压倒、征服一切困难而不被任何困难所征服的英雄气概和革命精神。

坚忍持久的战略耐心。战略耐心是战略意志的至难境界。中国革命战争的一大特点是敌强我弱，弱军更要求忍耐待机和蓄势发力。毛泽东强调：“中国的战争不能不以最大的忍耐性对待之，不能不以持久战对待之。”抗日战争时期，毛泽东写下著名的《论持久战》，科学分析中日力量对比等因素，得出抗日战争是持久战、最后胜利是中国的科学结论。邓小平也有着超乎寻常的意志力，一生“三落三起”。习近平总书记指出，要保持历史耐心、保持战略耐心。强调中国遇到的很多问题是中长期的，必须从持久战的角度加以认识。这是对战略意志的理论升华。耐心和持久意味着自信自强、冷静从容、沉稳克制及内心的刚强坚毅。总之，战略意志强调信心与恒心同在、决心与耐心同在。战略耐心的本质是尊重客观规律，坚持戒急用忍、持久蓄力，不浮不躁、久久为功，稳中求进、行稳致远。特别是当前，要坚持底线思维，做好较长时间应对外部环境变化的思想准备和工作准备，这是对我们党战略意志的时代大考。

众志成城的磅礴伟力。《孙子兵法》说："上下同欲者胜。"《墨子》云："戮力同心，以治天下。"战略意志的显著主体特征是众志成城，即凝聚集体意志、实现全局利益。我们党的战略意志，本质上是人民意志、利益和力量的体现。毛泽东说："早已森严壁垒，更加众志成城。"抗日战争"动员了全国的老百姓，就造成了陷敌于灭顶之灾的汪洋大海"，是众志成城取得胜利的典范。这些年来，从 1998 年抗洪抢险、2003 年抗击非典、2008 年汶川抗震救灾，到 2020 年抗击新冠肺炎疫情斗争，无不显示着众志成城、万众一心的威力。习近平总书记指出，要凝聚起众志成城的磅礴之力，增强同心共筑中国梦的意志。他强调："只要我们万众一心、众志成城，就没有克服不了的困难。"实践证明，上下同心者胜，众志成城者赢。面对突如其来的新冠肺炎疫情，党中央凝聚起举国同心、众志成城的磅礴力量，奏响了中华民族同舟共济、共克时艰的壮歌，抗击新冠肺炎疫情斗争取得重大战略成果，统筹推进疫情防控和经济社会发展工作取得积极成效。

中国共产党战略意志力的哲学启迪

程冠军：意志属于哲学范畴。中国共产党战略意志力蕴含着马克思主义哲学精神，是马克思主义世界观方法论在中国革命、建设和改革中的具体运用。您认为，中国共产党战略意志力对我们有什么样的哲学启迪？

毕京京：学习领会党的战略意志，要从哲学精神的高位入手，领悟其哲学本质，把握党的战略意志生成的客观规律和运用的高超艺术。

中国共产党的战略意志，秉持的是实践意志论。马克思主义意志理论是实践意志论。马克思说，“全部社会生活在本质上是实践的”，“哲学家们只是用不同的方式解释世界，问题在于改变世界”。实践是合规律性与合目的性的统一，是不以人的意志为转移的客观规律性与包括意志在内的主观能动性的统一。主观与客观、精神与物质、意志与实践的关系，是战略意志必须解决好的头等问题，是战略意志的生命所在，关系到一个政党、一个国家和一个民族的安危成败。实事求是，是马克思主义的根本观点和精髓。把它运用于实践，就是《实践论》所说的：“我们的结论是主观和客观、理论和实践、知和行的具体的历史的统一。”辩证唯物主义认识论是能动的革命的反映论，强调充分发扬符合客观实际的自觉能动性。怎样才能多打胜仗少打败仗？毛泽东说，“这里的关键，就在于把主观和客观二者之间好好地符合起来。”他强调，我们对规律的认识需要有个过程，自由是对必然的认识和对客观世界的改造，要坚持实事求是和雄心壮志相结合，坚持革命热情和科学精神相结合。这就告诉我们，要自觉坚持马克思主义实践意志论，实事求是、知行合一，防止主观主义、唯意志论，减少盲目性，避免拍脑袋、瞎指挥、乱决策。邓小平是“实事求是派”，强调拿事实来说话。习近平总书记要求我们“坚持一切从客观实际出发，而不是从主观愿望出发”，“处理好尊重客观规律和发挥主观能动性的关系”。我们必须在尊重和敬畏客观规律的基础上充分发挥积极性、主动性和创造性。战略意志不能代替物质力量，必须转化为物质力量，激发物质力量。我们必须以坚定意志和坚实国力、强大军力确保国家安全与发展。

中国共产党的战略意志，秉持的是人民意志论。我们党的战略意志，本质上是人民意志的体现，是人民利益的集中，是人民情怀的彰显。我们党和军队“一切以中国人民的意志为意志”。毛泽东阐明党全心全意为人民服务的根本宗旨，揭示了战略意志的价值追求；阐明人民群众是历史动力的唯物史观，揭示了战略意志的力量依托；阐明“从群众中来到，到群众中去”的领导方法，揭示了战略意志的认知基础。邓小平反复强调，要把人民拥护不拥护、赞成不赞成、高兴不高兴、答应不答应作为制定方针政策和作出决断的出发点和归宿。习近平总书记指出：“老百姓是天，老百姓是地。忘记了人民，脱离了人民，我们就会成为无源之水、无本之木，就会一事无成。”人民情怀越深，战略意志越坚。人民情怀是战略意志最深厚的力量源泉。不忘初心，方得始终。党的根基在人民、血脉在人民、力量在人民。马克思认为，人们奋斗所争取的一切，都同他们的利益相关。战略意志所要达成的战略目的或目标，本质上都是为了维护和实现战略利益。

中国共产党的战略意志，秉持的是革命意志论。马克思说过：“革命是历史的火车头。”既然要革命，就要有一个革命党。党的战略意志具有鲜明的革命性质。一代又一代共产党人，生命不息、奋斗不止，始终保持着革命斗志。革命意志不仅要求战胜外在挑战，还要求克服自身阻力。毛泽东在党的七届二中全会上号召全党：“务必使同志们继续地保持谦虚、谨慎、不骄、不躁的作风，务必使同志们继续地保持艰苦奋斗的作风。”新中国成立后，他又说，共产党员“一定要有朝气，一定要有坚强的革命意志，一定要有不怕困难和用百折不挠的意志去克服任何困难的精神”。邓小平也要求发扬革命精神。新时代，我们还有许多“雪山”“草地”需要跨越，还有许多“娄山关”“腊子口”需要征服。习近平总书记要求全党牢记“两个务必”，强调：“不忘初心，牢记使命，就不要忘记我们是共产党人，我们是革命者，不要丧失了革命精神。”我们一定要不忘初心，以伟大社会革命深化党的自我革命，以党的自我革命推动伟大社会革命，做到励精图治、居安思危，节俭内敛、敬终如始，严以治吏、防腐戒奢，顺乎潮流、顺应民心。

中国共产党的战略意志，秉持的是理性意志论。战略意志属于理性意志。理性揭示规律，因而能够强固定力、强化意志。坚定的战略意志背后是高超的战略思维素养。信仰与胆魄、情怀与意志、使命与担当始终蕴含于党的战略思维之中。习近平总书记指出：“必须用马克思主义中国化最新成果统一思想、统一意志、统一行动。”当前，要认真学习贯彻习近平新时代中国特色社会主义思想，掌握和运用辩证唯物主义和历史唯物主义，提高战略思维、历史思维、辩证思维、创新思维、法治思维、底线思维能力，胸怀中华民族伟大复兴战略全局和世界百年未有之大变局，始终对国之大者要心中有数，深刻认识我国社会主要矛盾变化带来的新特征新要求，深刻认识错综复杂的国际环境带来的新矛盾新挑战，深刻认识“十四五”时期我国将进入新发展阶段的重大判断，贯彻落实新发展理念，紧扣推动高质量发展，着力构建以国内大循环为主体、国内国际双循环相互促进的新发展格局，以坚定的战略意志实现战略突破，夺取全局胜利。

中国共产党的战略意志，秉持的是统一意志论。战略意志是组织意志、集体意志。我们党始终有着统一的意志、统一的行动。1934 年，毛泽东就指出：“中央革命军事委员会的建立，统一了全国红军的领导，使各个苏区各个战线的红军部队，开始在统一的战略意志之下，互相呼应与互相配合地行动起来。”新中国成立后，他在总结经验的基础上深刻指出，“我们的目标，是想造成一个又有集中又有民主，又有纪律又有自由，又有统一意志、又有个人心情舒畅、生动活泼，那样一种政治局面。”习近平总书记强调：“确保全党统一意志、统一行动、步调一致前进。”“只有全党思想和意志统一了，才能统一全国各族人民思想和意志，才能形成推进改革的强大合力。”统一的意志更具有信念的共同性、目标的坚定性、抗击的坚韧性、纪律的严明性和集体的激励性等特点。当前，面对困难叠加的严峻复杂形势，我们党更需要统一思想、意志和行动。实践证明，有习近平同志作为党中央的核心、全党的核心领航掌舵，有全党全国各族人民团结一心、顽强奋斗，我们就一定能够战胜前进道路上出现的各种艰难险阻，一定能够在新时代把中国特色社会主义更加有力地推向前进。我们必须增强“四个意识”、坚定“四个自信”、做到“两个维护”，以党的旗帜为旗帜、以党的方向为方向、以党的意志为意志，在统一思想、统一意志、统一行动中，使党的战略意志持续升华为信念坚定、纪律严明、众志成城、万众一心的坚强力量。

程冠军：习近平总书记在党的十九大报告中指出，不断增强党的政治领导力、思想引领力、群众组织力、社会号召力，确保我们党永葆旺盛生命力和强大战斗力。研究和探求中国共产党战略意志力的实践脉络、理论逻辑、哲学意蕴，对于增强党的政治领导力、思想引领力、群众组织力、社会号召力将会起到积极的推动作用；对于中国共产党这个百年大党应对世界百年未有之大变局、引领中华民族走向伟大复兴也将具有重要的历史和现实意义。

中篇

ZHONG PIAN

富起来

中国共产党如何领导改革

——对话中国经济体制改革研究会原会长、著名经济学家 高尚全

高尚全，曾任国家体改委副主任，中国经济体制改革研究会会长、中国经济改革研究基金会理事长、中国（海南）改革发展研究院院长和董事局主席、香港特别行政区筹委会委员兼经济小组组长，联合国发展政策委员会委员、世界银行高级顾问。主要研究领域为经济体制改革和发展、市场经济等问题。1984年后，6次参加中共中央重大政策文件的起草工作。先后30余次向党中央、国务院提出重大改革建言，受到中央高层的肯定和批示。著有《新时期改革逻辑论》《民本经济论》《人民本位论》《有效市场和有为政府》等30多部专著。

改革开放40多年来，我们党是怎样领导改革的？取得了怎样的巨大成就？创造了多少成功的经验？从企业改革的角度畅谈改革开放40多年的巨大变化，对党领导改革的宝贵经验和党的十八大以来改革取得的重大突破进行梳理，是一个非常有意义、有价值的切入点。

从企业自主权的变化看改革

程冠军：企业改革是经济改革的中心环节。您长期从事经济研究，关注经济体制改革特别是企业改革，请您以企业改革为引线，谈谈改革开放40多年的巨大变化。

高尚全：1956年，我在一机部工作时，有两件事情引起了我的关注。一件事情发生在沈阳，有个变压器厂，属于一机部管辖；还有一个冶炼厂，属于冶金部管辖。两个厂近在咫尺，却不相往来，原因是他们的业务都要经过部里调配。变压器厂需要铜，不能直接去冶炼厂买，而是要向两个部打报告，审批之后才能购进。

现在看来这是多么滑稽的事情，但在当时这种情况并不少见。另外一件事情发生在上海。1956 年夏天，上海异常炎热，一家企业为了防暑降温，向上级部门打报告申请购买电风扇，报告通过 11 个部门的漫长审批，终于获得批准，但这时夏天已经过去了。

这两件事很有代表性，把企业体制弊端暴露无遗，对我的触动也很大。经过深入调研，我写了一篇调研报告《企业要有一定的自主权》。在报告中我直陈企业自主权过小，由于中央主管机关管得太多、太细，企业的许多事情都要请示中央有关部门，即使是很小的事情，如盖一个厕所或买一台打字机也不例外。1956 年 12 月 6 日的《人民日报》发表了这篇报告，还专门配了一幅漫画：一个企业为了买打字机，叫人坐火车到北京来请示，部里的领导办公桌上的文件厚厚的一摞。可见，体制弊端已经到了非改不可的地步了。

改革开放 40 多年来，企业的自主权发生了怎么样的变化？下面我做一个梳理：1984 年党的十二届三中全会提出“建设有中国特色的社会主义的总要求”，提出增强企业活力是经济体制改革的中心环节。1993 年党的十四届三中全会提出建立现代企业制度，为国有企业改革指明了方向。1997 年党的十五大明确地提出调整所有制结构，进一步解放和发展社会生产力，是我国经济体制改革的重大任务。公有制为主体、多种所有制经济共同发展，是我国社会主义初级阶段的一项基本经济制度，必须长期坚持下去。2003 年党的十六届三中全会提出发展混合所有制经济，实现投资主体多元化，使股份制成为公有制的重要实现形式。由此可见，混合所有制 2003 年就已经提出。提出产权是所有制的核心和主要内容，建立归属清晰、权责明确、保护严格、流转顺畅的现代产权制度。当时不仅提出现代产权制度，而且提出要完善国有资本有进有退之路，进一步推动国有资本更多地投向关系国家安全和国民经济命脉的重要行业和关键领域。这使我们有了明确的方向，国有资本集中到关系国家安全和国民经济命脉的重要行业和领域。国有经济有进有退，而不是说只进不退，而且明确提出要加快推进和完善垄断企业的改革。党的十八届三中全会提出各种所有制企业都要平等竞争，创造平等竞争的环境。平等地占有生产资料，公平地开展竞争，依法受到法律的保护。党的十九大提出从管企业为主向管资本为主。实行市场机制有效、微观经济有活力、宏观调控有度的经济体制。回顾过去是为了更好地继续前进，这对于我国全面深化改革大有益处。

党领导改革的宝贵经验

程冠军：中国改革开放40多年的一个重要启示就是，改革每前进一步都离不开党的坚强领导。请您谈谈40多年来党领导改革的基本经验是什么。

高尚全：习近平总书记2012年12月7日至11日在广东考察工作时指出："改革开放是当代中国发展进步的活力之源，是我们党和人民大踏步赶上时代前进步伐的重要法宝，是坚持和发展中国特色社会主义的必由之路。"在坚持社会主义基本制度的前提下，立足基本国情，遵循市场经济的一般规律，借鉴有益经验，不断对经济基础和上层建筑进行调整和完善，不断探索社会主义和市场经济相结合的有效途径和方式，我们走出了一条有中国特色的改革道路。在40多年的改革进程中，我们党领导改革积累了许多宝贵经验，主要体现在以下三个方面。

第一，不断解放思想和推进理论创新。科学的理论是改革顺利推进的思想保证。改革的进程就是思想解放的过程、理论创新的过程。改革开放以来，我们党坚持解放思想，实事求是，与时俱进，将实践作为检验真理的唯一标准，不断推进理论创新、思想创新和体制创新，创造性地提出了社会主义市场经济理论及其政策体系。突出的是党的十一届三中全会提出改革开放，党的十四大和十四届三中全会确立社会主义市场经济体制的改革目标，党的十五大、十六大在国有经济战略性调整、国有资产管理体制改革、非公有制经济的地位和理顺收入分配关系等一系列重大问题上，进一步作出创造性的理论贡献。党的十八大以来，尤其是党的十八届三中全会，进一步明确了使市场在资源配置中起决定性作用，并作出了全面深化改革的决定，把改革理论推进到新的广度和深度。

第二，坚持市场化的改革方向不动摇。改革开放 40 多年的历程，也是市场作为资源配置手段的地位不断提升的历程。改革经验最核心的一条，就是要坚持市场化的改革方向。正是因为坚持市场化的改革方向，人民群众的劳动积极性才得以最大限度发挥。改革前，有些人吃不饱穿不暖，几乎所有的生活物资都要凭票供应。推广家庭联产承包责任制后，短短几年就解决了温饱问题，并倒逼城市经济体制进行改革。正是因为坚持市场化的改革方向，激发了不可估量的人民群众的劳动积极性、创造财富的积极性，焕发了国家的创新创业的活力，使得中国的经济体量迅速增加，尤其是民营企业从无到有，为国家贡献了一半以上的国民生产总值。

第三，正确处理改革与发展、稳定的关系。改革是经济社会发展的强大动力，有效的体制是实现经济社会又好又快发展的根本保证。从长远来看，改革是确保社会发展稳定的根本保障。与此同时，发展和稳定也是深化改革的良好环境和基本条件。实践证明：要正确处理好改革与发展、稳定的关系，必须适时有序推进改革开放，把改革的力度、发展的速度和社会的承受能力有机结合起来，在保持稳定的前提下推进改革和发展，通过改革和发展促进社会稳定。

改革的目的是增进人民福祉

程冠军：中国共产党领导中国改革取得巨大成就的一个重要原因就是不忘初心，坚持了以人民为中心的发展思想。改革是为了人民，依靠人民，改革成果由人民共享。您对此有何看法?

高尚全：改革的目标是增进人民福祉。习近平总书记指出："人民对美好生活的向往，就是我们的奋斗目标。"不是为改革而改革，更不是为了权力的巩固而改革。改革是促进社会和谐的强大动力，是社会和谐体制机制的构建和完善过程。实现好、维护好、发展好最广大人民根本利益是社会和谐的基础，有效的体制机制是实现社会公平正义和社会和谐的根本保证。

在改革的初始动机上，邓小平首先考虑到的是人民的福祉，而后延伸出社会主义的优越性和本质问题。1978 年 9 月，邓小平在东北三省视察期间说："外国人议论中国人究竟能够忍耐多久，我们要注意这个话。我们要想一想，我们给人民究竟做了多少事情呢？""我们太穷了，太落后了，老实说对不起人民。""社会主义要表现出它的优越性，哪能像现在这样，搞了二十多年还这么穷，那要社会主义干什么？"这发人深省的"问号"，实际上是中央为了增进人民福祉而推进改革的强有力的信号。

在改革措施的出台和推进过程中，要坚持以民为本，民生为重，注重把提高效率同促进社会公平结合起来，通过提高效率来促进发展，同时注重从解决关乎人民群众切身利益的问题入手，努力兼顾好各方面的利益，在经济发展的基础上实现社会公平。通过妥善处理好改革过程中的各种利益关系，使广大人民群众能够共享改革发展的成果，达到以制度建设促进社会和谐、改善人民生活的目标。事实证明，以增进人民福祉为目标的改革能够充分发挥群众的首创精神，能够调动各方面参与和推动改革的积极性。改革既要依靠各级党委和政府的坚强领导，又要充分增加社会参与度。同时也表明，一系列影响重大的改革措施的推出，都是以人民群众创造的具体改革经验和做法为基础和依据的。我们的改革始终注重充分尊重群众的首创精神，不断扩大社会公众的参与度，调动和发挥人民群众参与改革的积极性和创造性，努力把政府合理引导、积极推动与充分发挥群众改革创新的自主性、能动性有机结合起来。

党的十八大以来改革的重大突破

程冠军：自党的十八大以来，以习近平同志为核心的党中央高举改革开放的旗帜，以大无畏的精神开启了全面深化改革，特别是党的十九大召开之后，新时代的全面深化改革更是大步向前。您怎么看党的十八大以来的全面深化改革？

高尚全：党的十八大以来我国的改革取得重要进展和突破，进入了新的阶段。在以习近平同志为核心的党中央的坚强领导下，不仅有效应对了复杂国际政治经济环境的风云变幻，更在相当不利的条件下取得了经济的中高速平稳增长。党的十八届三中全会作出《中共中央关于全面深化改革若干重大问题的决定》，描绘了新的发展阶段全面推进改革开放事业的宏伟蓝图，提出了到2020年全面深化改革的指导思想、总体思路、主要任务、重大举措。按照这份决议的部署，中国改革事业在战略布局、改革难点以及市场地位上都获得了一些重大的进展乃至突破，主要体现在以下几个方面。

第一，市场在资源配置中的地位大大提升。中国改革开放的进程，是从以计划作为配置资源的主要手段逐渐变革为以市场成为配置资源的主要方式、市场经济逐步确立并不断完善的过程。在这个进程中，市场的力量从无到有、从弱小到壮大。党的十八届三中全会旗帜鲜明地提出，使市场在资源配置中起决定性作用，这在改革开放和市场经济发展历史中具有里程碑式的意义，体现了以习近平同志为核心的党中央对市场规律的认识在不断提高，对中国特色社会主义建设规律的认识有了重大突破。从市场的基础性作用到决定性作用，是一个不断深化认识和完善改革的过程：党的十五大提出使市场在国家宏观调控下对资源配置起基础性作用；党的十六大提出在更大程度上发挥市场在资源配置中的基础性作用；党的十七大提出从制度上更好发挥市场在资源配置中的基础性作用；党的十八大提出更大程度、更广范围发挥市场在资源配置中的基础性作用；党的十八届三中全会提出使市场在资源配置中起决定性作用。在党的十八届三中全会上，习近平总书记指出，从党的十四大以来的20多年间，我国社会主义市场经济体制已初步建立。对政府和市场关系，我们一直在根据实践拓展和认识深化寻找新的科学定位。可以看出，我们对政府和市场关系的认识在不断深化。中央认为这个问题从理论上作出新的表述，条件已经成熟，进而把市场在资源配置中的“基础性作用”修改为“决定性作用”。

第二，国家政治体制顶层设计更加适应新要求。党的十八届三中全会提出：“全面深化改革的总目标是完善和发展中国特色社会主义制度，推进国家治理体系和治理能力现代化。”在长期以经济体制改革为核心的制度背景下，要推进国家治理体系和治理能力现代化，势必要对过去领导改革的行政部门本身进行改革，这对改革领导者的决策效能和执行力提出了重大考验。为了推进改革，中央先是设立了中央全面深化改革领导小组，有力提升了改革的决策效能，使过去总是被回避的改革议题，如户籍问题、农村土地制度问题等，能够集中力量摆脱各种利益羁绊获得正面突破。国家治理体系和治理能力提高还体现在我国社会主义民主政治的进步上。坚持党的领导是我国实现持续发展繁荣的根本保证，而人民当家作主是中华民族伟大复兴的力量之源。全面深化改革对加强社会主义民主政治制度建设提出了通过各项制度建设，健全民主制度、丰富民主形式，从各层次各领域扩大公民有序政治参与，充分发挥我国社会主义政治制度优越性的总目标。

第三，反腐倡廉和依法治国效果显著并持续推进。进一步推进改革，创建良好的经济发展环境，需要廉洁奉公高效的党员和公务员队伍。党的十八大以来，党中央对腐败行为的坚决查处，破除了过去一段时间党纪国法松懈滋生的各种潜规则，横扫了贪腐猖獗的不良风气，党纪国法为之肃然而振！中央对于滥权渎职的腐败分子，上至中央常委，下至乡村干部，不管是部队将军，还是地方大员，但凡触犯党纪国法，均依法予以严惩。坚定不移地推进全面从严治党，形成了反腐败斗争压倒性态势。这样大规模的反腐浪潮，激浊扬清，使民心得以振奋，党风得以清正，使全体党员干部受到深刻的教育，掌握权力、行使权力的全体党员干部自觉地规范行使权力、自觉避免滥权渎职行为，这为规范政府权力的行使、保护市场主体的合法权益奠定了良好的基础。

第四，确立依法治国方略，从根本上保障了国家长治久安。2014 年 10 月底召开的党的十八届四中全会，通过了《中共中央关于全面推进依法治国若干重大问题的决定》。这是中国共产党历史上，第一次专门研究法治建设的中央全会。党把自己的路线、方针、政策通过法定程序转化为国家意志，成为全国人民共同遵守的法律规范，实现党的主张和人民意志的有机统一。依法治国的庄严承诺和有效推进，体现了中国共产党已经从一个革命党真正成长为一个执政党。

必须以更大勇气把改革进行到底

程冠军：习近平主席在博鳌亚洲论坛 2018 年年会开幕式上作主旨演讲时说，“虽然我们已走过万水千山，但仍需要不断跋山涉水”，并强调要“将改革进行到底”，强调“中国开放的大门不会关闭，只会越开越大”。您对接下来的改革有何期待？

高尚全：党的十八大以来的改革取得了巨大成就，但改革没有完成时，只有进行时，中国的改革事业仍然需要在诸多议题上深入推进。必须进一步解放思想，以更大的勇气和决心推进改革。

一方面，国有企业改革仍有待突破。国有企业改革从放权让利到利改税再到承包制，最终到股份制改革、建立现代企业制度，历经长时间的摸索。但是改革不能就事论事，必须同整个改革密切联系起来。因此，有几点非常重要。一是坚持基本经济制度，充分发挥各种所有制经济的积极作用。党的十九大重申了“两个毫不动摇”：“毫不动摇巩固和发展公有制经济”“毫不动摇鼓励、支持、引导非公有制经济发展”。这是我国社会主义实践中探索和创造的重要经验。二是坚持现代企业制度的改革方向。公有制与市场经济相结合是中国特色社会主义努力探索的重大课题。“产权清晰、权责明确、政企分开、管理科学”的企业改革方向不能动摇。要在国有企业的制度性改革上下功夫，实行三大转变：要从企业法调节向公司法调节转变，从管企业转向管资本为主，从行政隶属关系转向为股权关系。切实做到政企分开，所有权与经营权分开，走出“一管就死，一死就叫，一叫就放，一放就乱”的怪圈。三是坚持和加强国有企业党的建设。这是搞好国有企业的重要保证。加强党对国有企业的领导，首先要正确全面理解和执行加强党的领导，要把大事、方向性的问题抓住不放，并不是企业事无巨细都要管。加强党对国有企业的领导，要在党的领导下充分发挥股东会、董事会、职工代表大会和经管班子的积极性和创造性。只有企业的经济效益提高了，产品质量提高了，创新能力和竞争力提高了，才能真正体现党的领导的成果。

另一方面，保护人民人身权、财产权、人格权。这是从富起来到强起来的重要条件。经过改革开放 40 多年来社会生产力的飞速发展，社会财富迅速增长，人民生活得到逐步改善，一些在市场经济中摸爬滚打出来的精英和弄潮儿已经提前达到富裕水平。无论是先富起来的群体，还是生活小康的群众，在衣食无忧之后最先考虑的无非两点：一是自己的财产能否得到保障，良好的物质生活条件能否延续；二是更加关注精神方面的需求，首先是人格尊严得到保障。这两个需求实际上是一体两面的，如果一个社会不能有效保障人民群众的人格尊严，那么良好的物质生活条件随时也会被剥夺。这与我们社会主义的发展目标是格格不入的。同时，资本从收益低的地方向收益高的地方流动，财产也从产权保护水平低的地区向产权保护水平高的地区流动。过去几十年来一些侵害企业家产权的负面案例表明，侵害企业家的财产权，从来就是与侵害人民群众的人身权、人格权联系在一起的。人身权、财产权、人格权保护得不到位，自然就导致了企业家和社会精英阶层的移民倾向，造成人才和财产的双重流失。为杜绝这些现象，必须夯实从富起来到强起来的基石。党中央先是在党的十八届四中全会出台《中共中央关于全面推进依法治国若干重大问题的决定》，而后又专门出台《关于完善产权保护制度依法保护产权的意见》。党中央对这些问题不可谓不重视。党的十九大报告中再次明确提出了保护人民人身权、财产权、人格权，可见决策层面对这一问题的认识更加深入。在全面深化改革的新时期，各级公权力部门务必把中央的这些政策方针落实到位，依法保护好人民人身权、财产权、人格权，才能够满足人民群众对美好生活的向往。

坚持“四个不动摇”和“五个增强”

程冠军：让人振奋的是，党的十九届三中全会审议通过了《中共中央关于深化党和国家机构改革的决定》和《深化党和国家机构改革方案》，党和国家机构改革全面启动并且立竿见影，充分体现了党的坚强领导。您认为，下一步应该如何深化改革？

高尚全：这次党和国家机构改革率先推进，力度之大、速度之快前所未有，充分体现了党的全面领导、坚强领导。机构改革涉及部门利益和既得利益，为了打破部门利益和既得利益，必须采取果断措施。如果商量来商量去，改革就无法进行。现在机构合并了，下一步关键是职能转变，不能让旧的体制机制在新机构里生根发芽。要精兵简政，减少“吃皇粮”的人。这样党政机关才更有执行力和战斗力。具体来说，深化改革关键要解放思想、排除干扰，努力做到“四个不动摇”和“五个增强”。

“四个不动摇”，第一，坚持基本路线不动摇。基本路线是长期的，不是短期的，绝不能动摇。第二，坚持基本经济制度不动摇。基本经济制度就是公有制为主体、多种所有制经济共同发展。这是社会主义初级阶段的一项经济制度。前提是初级阶段，初级阶段不是短期的，而是长期的。初级阶段要靠几代人、十几代人、几十代人的长期努力，我们一定不要把初级阶段短期化，认为共产主义很快就要实现了。第三，坚持现代企业制度不动摇。重点坚持产权清晰、权责明确、政企分开、管理科学。第四，坚持产权保护、弘扬企业家精神不动摇。

“五个增强”就是增强活力、增强动力、增强创新力、增强执行力、增强竞争力。活力、动力是基础，创新力、执行力是关键，竞争力是最后表现。只有实现“四个不动摇”“五个增强”，做到“五力并发”，我们才能打造新时代的新领导力，以更强、更大的力量领导和引领改革。

从改革到全面深化改革

——对话中共中央政策研究室原副主任、中国国际经济交流中心副理事长 郑新立

郑新立，中共中央政策研究室原副主任。曾在中共中央书记处研究室、国家信息中心、国家计委工作，曾任国家计委政策研究室主任、副秘书长、新闻发言人，2009 年 5 月前任中共中央政策研究室副主任。多次参加中共中央全会，参与政府工作报告和“八五”“九五”“十五”“十一五”规（计）划的起草工作。长期从事经济理论和经济政策研究，在计划和投资体制改革、宏观经济调控、中长期发展政策等领域，都有深入研究和独到见解。

从传统的计划经济到有计划的商品经济，再到社会主义市场经济；从“看得见的手”到“看不见的手”；从改革到全面深化改革。中国40余年的改革走过了一条怎样的道路？在未来的改革中，调控手段如何完善？城乡矛盾如何解决？国企改革如何突破？特区发展如何升级？政治改革如何引领？全面改革如何深化？

调控手段如何完善

程冠军：社会主义市场经济需要强有力的宏观调控体系。您认为，改革开放40多年来我国在宏观调控体系建设方面的主要经验是什么？

郑新立：改革开放以来，宏观调控体系的建立和完善有两次大的改革。第一次是1993年党的十四届三中全会通过了《中共中央关于建立社会主义市场经济体制若干问题的决定》，明确了市场经济的“四大支柱”：一是建立现代企业制度；二是建立全要素的市场体系；三是建立完善的宏观调控体系；四是建立完善的法律体系。在宏观调控方面，首次提出了建立计划、金融、财政三者之间相互协调的宏观调控体系，形成计划、金融、财政相互协调的调控体系。20 世纪 80 年代，我国出现了严重的通货膨胀，应对的办法就是综合运用各种杠杆来进行调控。因为当时没有找到一种更有效的调控手段，一直到 20 世纪 90 年代，我国的经济始终处于周期性的大起大落，隔几年就出现一次经济过热、通货膨胀，然后就是收紧财政、收紧银根，接下来就是物价下降、通货紧缩，然后又开始新的一轮通胀。就这样，改革开放前 20 年间，我国一直是在周期性的大起大落中度过的。有一个典型的案例可以形象地说明这个问题。位于国家计委附近的中国科学会堂大楼，历经了 10 多年的建设周期。原因是建设过程中遇到调控就停下来，隔几年调控过去了又开始建设。如此建建停停、停停建建，历经了三次经济调整，一直建了 10 余年。这座大楼的命运充分反映了当时中国经济周期性的大起大落。

2000 年之后，我们总结经验教训，开始采取适度调控的办法，根据经济运行的态势进行调控。经济过热的时候，财政制度就收紧一点；经济偏冷的时候，就松动一点，适当发债，增加财政预算支出。在调控中运用好计划、金融、财政三大调控杠杆，形成合力。在实践中我国宏观调控的水平也不断提高，逐步形成了适时适度的调控方式。因此，中国经济出现了长达 10 年的高增长低通胀，实现了高达两位数的黄金增长期。进入 21 世纪的第一个 10 年，经济增长摆脱了周期性大起大落的困扰，增长速度很快，也没有出现通货膨胀。我国的 GDP 总量从世界第六位冲到了第二位。这 10 年的成功，可以说主要是宏观调控的成功。

党的十九大提出要建立宏观审慎的调控框架。我的理解是，宏观审慎就是经济过热的时候需要刹车，刹车的时候要避免刺破经济泡沫。譬如，房地产已经积累了一定的泡沫。这个泡沫要慢慢消化，10 年、20 年之后，也就不再是泡沫了。目前，二三线城市房价基本合理。一线城市已经形成一定的泡沫，北、上、广、深、杭五个热点城市房价不断升高。这五个城市能量很大，如果房价下跌，房地产泡沫就会破裂。因此，我们要建立宏观审慎的调控框架，经济偏热需要降温的时候，就要收紧银根，但要避免刺破泡沫；经济偏冷的时候需要加油门，就要松松银根，扩大财政赤字，但要注意不能让资金流向那些容易增加泡沫的地方。要通过精准调控，让新增贷款和新增财政支出真正流到实体经济，流到产业结构优化升级所需要的方向上来，不要再流到股市、房市，如果那样就会助长泡沫。我国从 1993 年建立宏观调控体系，

2000年后在实践中加以完善，到党的十九大提出宏观审慎的调控框架，可以说越来越完善。

城乡矛盾如何解决

程冠军：中国改革是从农村发端的。改革开放40多年，农村劳动力、资本、土地三大要素源源不断地流向城市，结果城市繁荣了，农村活力减弱了。您对改革进程中出现的城乡发展差距怎么看？

郑新立：改革开放40多年，经济发展之所以能够取得辉煌成就，关键是通过结构调整不断释放经济增长的新动能。40多年来，我们经历了四次大的结构调整。第一次是20世纪80年代，通过改革农村的土地制度，实行家庭联产承包责任制，允许发展乡镇企业，促进了农产品和轻工产品的大发展。10年时间解决了消费品供应短缺的问题。第二次是20世纪90年代，通过建立社会主义市场经济体制、国有企业改革和引进外资，实现了电子机械、石油化工、汽车制造和建筑业四大支柱产业的振兴。第三次是21世纪第一个10年，通过发行国债搞基础设施建设，实现了高速公路、高铁的大发展。第四次是 21 世纪第二个 10 年，围绕转变经济发展方式，调整需求结构、产业结构和要素结构，提高了居民消费率，第三产业成为经济增长点，技术进步明显加快。经过 40 多年的发展，如今消费资料、生产资料、基础设施基本实现了供求平衡，但也出现了不同程度的产能过剩。党的十九大提出我国社会主要矛盾发生转化，所讲的发展不平衡不充分集中体现在城乡之间。怎么解决这个主要矛盾？这就迎来了中国第五次结构大转换。这次结构大转换，主要是解决城乡结构问题，通过城乡融合发展，加快实现乡村振兴。重点是集中力量抓好农业现代化、新农村建设、农民工市民化和特色小镇建设。做好了这四件事，就能释放巨大的投资和消费需求，形成最大的经济增长新动能，足以支撑中国经济以 6.5% 以上的速度保持到 2030 年。

程冠军：您认为，下一步我们应该如何进一步解放思想，下大力气解决乡村振兴的问题？

郑新立：党的十八届三中全会为农村的承包地、宅基地、集体经营性建设用地的改革指明了方向。核心是在农村建立现代产权制度，发挥市场对资源配置的决定性作用。如果农村改革迈不开步子，乡村振兴战略就很难落到实处。改革开放以来，城乡发展差距拉大的根本原因是城乡两个市场发育不均衡，城市的要素基本市场化了，农村的要素还处于半市场化状态。按照经济规律，商品总是向能够获得更高交换价格的地方流动，资本的趋利性决定了哪里价格高资本就往哪里去。改革开放40多年，农村的要素源源不断流向城市。一是劳动力。2.8亿精壮劳动力从农村流入城市。城市的产业工人队伍80%都是农民工，尤其是建筑业90%以上都是农民工。正因为有了这些农民工，城市才建设得这样美。农民工为城市建设作出了贡献，但他们享受不到城市户籍人口的公共服务。二是资本。由于农村没有很多投资机会，因此我国在农村设立的金融机构，就像抽水机一样，源源不断地把农村的储蓄抽走，集中流向城市、沿海地区，流向国有企业和国家重点项目等。三是土地。城市建设用地大都是政府从农民那里以很低的价格征用过来的，然后经过“招拍挂”，增值几十倍、上百倍。土地增值部分的70%由政府拿去搞城市建设，20%多被开发商拿去，农民拿到的不足10%。

总之，要缩小城乡发展差距，就必须完善城乡一体化的市场体系。要在农村建立现代产权制度，发挥市场在资源配置中的决定性作用，使农村的各类要素市场化。要建立城乡之间各种要素双向自由流动的市场体系，引导城市资本下乡。“发挥市场在资源配置中的决定性作用”不仅适用于城市，同样适用于农村。只有通过城乡一体化的市场体系建立完善的市场机制，才能够实现乡村振兴。已故著名经济学家孙冶方在20世纪60年代就指出，千规律，万规律，价值规律第一条。搞经济工作，如果不利用好价值规律，就是“抬牛腿”，抓住了价值规律就抓住了“牛鼻子”。因此，解决乡村振兴的问题，必须利用价值规律来解决主要矛盾。

国企改革如何突破

程冠军： 改革开放以来，国企改革走过了不平凡的历程。您认为，国企改革的主要经验是什么？国企改革还存在哪些误区？应该如何走出这些误区？

郑新立： 国有企业改革比农村改革还要曲折。从厂长负责制、承包制到利改税，一直到党的十四届三中全会提出建立现代企业制度，国企改革才走上了正确的轨道。党的十八届三中全会对国企改革提出了三个新要求：第一，对国有资产的管理以管企业为主向管资本为主转变；第二，鼓励国有企业吸收民间资本入股，发展混合所有制经济；第三，允许国有控股混合所有制企业实行员工持股制。

目前，社会上对国企改革还存在一些误区，主要是认识上的误区。第一，有人认为从以管企业为主向以管资本为主过渡是对国有资本管理功能的弱化。党的十六届三中全会提出管资产和管人、管事相结合，这是在当时的条件下提出来的。今天我们要过渡到以管资本为主，只有这样才能落实国有企业的经营自主权。哪个行业或企业的资本收益率高，哪个行业是重点发展的战略性新兴产业，我们就把资本投进去支持其发展。股东可以根据持股的多少以不同形式参与企业管理。如汇金公司，是几大国有商业银行的大股东，但大股东并不直接参与管理，而是关心年底分红。这就是从管资产为主向管资本为主转变。这不是国有资本管理功能的弱化，而是强化。第二，有人认为国企改革是国进民退或民进国退。这两种主张都是错误的。国有企业和民营企业各有各的优势，我们要把各自的优势进行整合，从而形成新的竞争力。国有资本雄厚，民营资本灵活，双方结合起来，就可以形成一个制衡机制，有效地避免内部人控制和利益输送，从而建立科学的治理结构。第三，有人认为员工持股是私有化。员工持股属于股份合作制经济。国有股占大股，员工持小股，这不是私有化，而是让员工真正成为企业的主人，可较好地增强企业的凝聚力。股份合作制实质上是马克思提出的劳动者的劳动联合和资本联合相结合的合作制，是对资本主义私有制的积极扬弃，是公有制的初级形式。

特区发展如何升级

程冠军：您认为，深圳、上海、海南三地在改革开放40多年中分别担负了什么使命？发挥了什么作用？您怎么看雄安新区的建设与发展前景？

郑新立：在中国第一批开放的四个特区中，深圳已经成为粤港澳地区经济体量最大的城市，并且成为改革开放的领头雁。深圳经济总量达到2万多亿元，人均GDP达到17万元。2016年超过了香港，2017年超过了广州。同时，深圳还是中国的创新型城市，一年提交的国际专利占全国的47%。这些成绩主要得益于改革开放。

上海浦东新区建设尽管晚了10年，但通过发展金融服务、技术服务、贸易服务、港口服务等高端服务，始终在长三角发挥中心城市作用。习近平总书记提出上海要成为具有全球影响力的科技创新中心。上海自由贸易试验区的探索已形成了一套可复制的经验，将继深圳之后对全国的改革开放发挥重要的引领作用，尤其是在长三角将发挥更强的辐射带动功能。

海南建省办经济特区 30 多年了，与预期的发展目标相比还有差距。习近平总书记提出建立海南自由贸易试验区和自由贸易港。这对海南是一个重大的新的发展机遇。如果海南第一步复制上海的经验，建设自由贸易区；第二步借鉴中国香港、新加坡、迪拜的经验，吸引全世界的资金和人才，发展旅游等高端服务业，成为世界级的自由贸易港，它的明天就会更美好，并将会成为新时代中国对外开放的一个新标志。

雄安新区是“千年大计”，前景可期。雄安新区建设将按照承接疏解非首都功能的要求，以完善的社会主义市场经济体制建设开放型经济新体制，使之成为京津冀地区新的经济增长极，成为科技创新中心。

政治改革如何引领

程冠军：改革开放 40 多年来，中国的经济改革与政治改革相伴而行，尤其是党的十八大以来，经济改革与政治改革同步推进并且成绩斐然。您认为是这样吗？

郑新立：是这样。我们党的一个重要的经验就是组织任务服从于政治任务。政治任务提出目标，组织机构和干部都要服从这个目标。党和国家机构改革就属于政治体制改革。党的十八届三中全会提出全面深化改革的总目标是完善和发展中国特色社会主义制度，推进国家治理体系和治理能力现代化。党的十九大提出2035年基本实现国家治理体系和治理能力现代化，2050年实现国家治理现代化。上层建筑要适应经济基础，生产关系要适应生产力的发展。改革就是调整生产关系，改进上层建筑。政治体制改革、经济体制改革、文化体制改革、社会体制改革、生态文明体制改革以及党的建设制度改革，所有这些改革的目的，最终都是要解放和发展生产力，把经济增长的新动能释放出来。实践是检验真理的唯一标准。改革是不是有成效，包括政治体制改革、文化体制改革等，关键看实际上是不是有利于生产力的发展。说到底要看人民是不是真的富起来了。邓小平提出的是否有利于发展社会主义社会的生产力、是否有利于增强社会主义国家的综合国力、是否有利于提高人民的生活水平的“三个有利于”，始终是判断改革成败得失的标准。

政治体制改革攸关社会前进方向。方向决定道路，道路决定命运。方向偏了，一切皆错、满盘皆输。深化政治体制改革，必须确保中国特色社会主义正确方向，确保各项事业发展始终坚持走中国特色社会主义道路。为此，应坚持和完善人民代表大会制度、中国共产党领导的多党合作和政治协商制度、民族区域自治制度以及基层群众自治制度，健全人民当家作主的制度体系。

全面改革如何深化

程冠军： 习近平总书记的改革思想充分体现了马克思主义的世界观和方法论。党的十九大把“着力增强改革系统性、整体性、协同性”作为全面深化改革取得重大突破的一项重要经验，并且把“更加注重改革的系统性、整体性、协同性”写入党章。对此，您怎么看？

郑新立： 习近平总书记2012年12月31日在主持十八届中共中央政治局第二次集体学习时的讲话中指出：“改革开放是一个系统工程，必须坚持全面改革，在各项改革协同配合中推进。”六大改革覆盖国家治理体系的方方面面，构成一项结构复杂、关联紧密的庞大系统工程。各项改革既相互促进又相互制衡，只有整体推进、重点突破、协同配合，才能取得事半功倍之效。

经济体制改革是全面深化改革的重点，应坚持以经济体制改革为牵引。政治体制改革攸关社会前进方向，必须坚持走中国特色社会主义政治发展道路不动摇。文化体制改革能产生激励全党全国各族人民奋勇前进的强大精神力量，为社会主义文化强国建设奠定制度基础。社会体制改革直接决定保障和改善民生、促进社会公平正义的效果，要抓住人民最关心最直接最现实的利益问题。生态文明体制改革的目标是建设美丽中国，推动形成人与自然和谐发展新格局。党的领导是中国特色社会主义制度的最大优势，必须毫不动摇地坚持和完善党的领导，毫不动摇地把党建设得更加坚强有力。

六大改革是全面深化改革系统工程的子系统。每个子系统处于不同地位，具有不同功能。在制定每一项改革方案时，不仅要考虑其自身的特殊性，也要考虑与其他改革的关联性，使各项改革相互补充、相互促进、相得益彰。比如，在推动乡村振兴方面，经济体制改革应把建立城乡融合发展的经济制度作为重点任务；文化体制改革应更多关注保障农民的基本文化权益，提升农民的文化素质；社会体制改革应以实现城乡居民基本公共服务均等化为重要任务；生态文明体制改革应找到治理农村土地面源污染的有效办法，尽快解决农村垃圾处理和环境卫生问题；党的建设制度改革要重视加强农村基层党支部建设。各项改革系统集成、协同配合，才能形成合力，推动全面深化改革取得更加辉煌的成就。

程冠军：全面深化改革的蓝图已经绘就，但再好的蓝图最终还需要干部带头去落实。党的十九大提出领导干部要增强“八个本领”，其中包括改革创新本领。那么，各级领导干部应怎样增强改革创新本领？

郑新立：党的目标任务提出之后，干部就成为决定性因素。党的十九大提出领导干部要增强“八个本领”，改革创新本领是“八个本领”之一。我想特别强调的是，增强改革创新本领，首先要解放思想。改革中的有些举措往往有人反对。比如，前三次结构调整都有人反对，到现在还有人反对。他们反对土地承包到户，说这是搞资本主义；反对乡镇企业，说这是浪费资源；反对发展支柱产业，说这会导致产能过剩、过度竞争；等等。试想，如果我们听了这些人的话，改革根本就无法前进。中国的事如果百分之百大家都一致赞成，这个事肯定办不成。对于改革，邓小平为什么说“不争论”，就是这个道理。

其次要总结经验，提高领导干部投身改革的自觉性。回顾40多年改革实践，我认为主要积累了以下六条经验和方法：第一条，坚持实践是检验真理的唯一标准；第二条，坚持市场趋向的改革；第三条，坚持渐进式的改革；第四条，坚持一切改革要经过试验，允许地方干部先改先试，大胆创新；第五条，以开放来促改革；第六条，发挥党对整个改革的统筹协调作用。这六条经验是 40 多年改革的成功经验，也是适合我国国情的基本经验，是在实践中创造出来的，也值得今后借鉴。参考这六条基本经验，领导干部要敢闯敢试，在全面深化改革的实践中不断地创造出一些新的经验。

改革开放的历史经验

——对话原中共中央党史研究室副主任、著名党史专家 石仲泉

石仲泉，原中共中央党史研究室副主任，中共党史学家、研究员，中国井冈山干部学院兼职教授，毛泽东思想邓小平理论研究会会长。曾参加过《关于建国以来党的若干历史问题的决议》起草小组工作。主编《毛泽东哲学批注集》《毛泽东研究述评》《邓小平论中共党史》《中国共产党简明历史》《二十世纪的中国共产党》等，参与编写《毛泽东的读书生活》《毛泽东思想方法导论》《中共八大史》《中华人民共和国国史全鉴》等，出版《毛泽东的艰辛开拓》《〈毛泽东哲学批注集〉导论》《周恩来的卓越奉献》《当代中国的邓小平理论》等多部专著。

从真理标准问题大讨论到党的十一届三中全会，到党的十一届六中全会通过《关于建国以来党的若干历史问题的决议》；从提出社会主义初级阶段理论，到社会主义市场经济体制的建立，再到对我国社会主要矛盾转化的认识；从改革到深化改革，到全面深化改革……中国的改革开放经历了哪些重大历史事件？出台了哪些纲领性文件？在这些重大历史事件发生和纲领性文件产生的过程中，中国改革开放的总设计师邓小平作出了哪些重大历史突破？对我们又有哪些启示？

邓小平对改革开放的巨大贡献

程冠军：谈到改革开放，不能不说中国改革开放的总设计师邓小平。可以说，没有邓小平就没有中国的改革开放。请您谈谈邓小平对改革开放的巨大贡献。

石仲泉：这个问题提得好！谈改革开放，我们首先要肯定毛泽东为新中国成立以及社会主义革命和建设所奠定的基础。当然，更要看到邓小平领导改革开放的丰功伟绩。我认为，作为中国改革开放的总设计师，邓小平对中国的改革开放有十大贡献。

一是支持和领导真理标准问题大讨论。粉碎“四人帮”之后，1977年2月，开始宣传“两个凡是”。随后，邓小平多次表态反对“两个凡是”。这是真理标准问题大讨论最早的声音。一年多后的1978年5月，报刊媒体上开展了真理标准的群众性讨论。邓小平又多次表态支持并领导了这场大讨论。可以说，没有邓小平的支持和领导，这场讨论很可能会被扼杀在摇篮里。

二是主持起草“历史决议”。决议起草最大的问题是如何评价毛泽东和毛泽东思想。党中央认为，无论如何不能否定毛泽东，否定毛泽东就否定了中国共产党，也就否定了社会主义。为此，邓小平做了十几次谈话。他指出，这个问题写不好，宁可不做。他的话，说得斩钉截铁。

三是提出“三大改革政策”。一是让一部分人、一部分地区先富起来，最后走向共同富裕。二是推行家庭联产承包责任制，将所有权与经营权分开。这是一大创造。没有家庭联产承包责任制，农村改革就不能取得成功。三是建设经济特区。先是赞同设立经济特区，让“特区”去闯，去试验。为了支持特区发展，1984年和1992年，邓小平两次到深圳特区视察，终于让特区建设杀出一条血路。

四是推动党和国家领导制度的改革。1980 年 8 月，邓小平在中央政治局扩大会议上做了《党和国家领导制度的改革》的讲话。这个讲话实际上成为我国政治体制改革和党的建设纲领。我们党的思想建党源于古田会议决议，而制度治党是从邓小平的这次讲话出发的。

五是提出社会主义初级阶段的基本路线。邓小平从中国的国力和国情出发，提出了社会主义初级阶段理论，在此基础上提出坚持“一个中心、两个基本点”的基本路线，随后提出了“三步走”发展战略，确立了社会主义初级阶段的政治路线和发展战略。

六是提出“两手抓、两手都要硬”。改革开放之初邓小平就提出“两手抓、两手都要硬”的思想。后来将这个思想应用到“两个文明”建设，指出只有精神文明和物质文明都搞好才是有中国特色的社会主义。

七是引入市场经济体制机制。社会主义搞市场经济，马克思没有讲过。邓小平破天荒地认为，计划和市场都是手段，谁利用它，它就为谁服务，市场经济可以跟资本主义相结合，也可以跟社会主义相结合。它与社会主义结合，就为社会主义服务，就是社会主义市场经济。市场经济无所谓姓“资”姓“社”，说得直白点，它嫁鸡随鸡，嫁狗随狗。

八是提出“一国两制”构想。一个国家搞两种制度，是一个开创性设想，其他国家没有搞过。毛泽东和周恩来虽然有过初步设想，但没有提出这个概念。邓小平创造性地提出“一国两制”，并在香港、澳门实现了，这是具有深远意义的重大决策。

九是发展中国特色社会主义外交。我们走自己的路，建设中国特色社会主义，就要建设和发展中国特色社会主义外交。党的十一届三中全会后，邓小平提出“两个转变”的外交思想，改变了原来认为战争的危险很迫近的看法，改变了过去奉行的“一条线”战略，确立了中国作为一个和平、稳定、发展的亚洲大国地位，并指明了中国作为发展中国家的自处之道。

十是加强和改善党的领导。在改革开放中，邓小平十分注重加强和改善党的领导。他最大的贡献就是把思想政治建设放在首位，强调解放思想、实事求是，坚持正确的思想路线。毛泽东提出“实事求是”，邓小平加上“解放思想”，变成了八个字。我认为，解放思想就是动态的实事求是，因为客观事物是不断发展变化的，解放思想就是要使主观认识符合不断变化的客观事物。这就是实事求是的要求。所以，解放思想与实事求是不是两回事，解放思想可视为动态的实事求是。

“历史决议”是中国道路的定海神针

程冠军：您参加了《关于建国以来党的若干历史问题的决议》的起草工作，既是决议的起草者和参与者，也是这个重大历史事件的见证者。您觉得这个历史决议对于我们走改革开放道路起到什么作用？

石仲泉：对于历史决议，邓小平做了十几次谈话。他提出，毛泽东晚年犯了发动“文化大革命”的严重错误，但这是一个伟大的无产阶级革命家所犯的错误。与他所建立的丰功伟绩相比较，这是第二位的。他功大于过。如果没有毛泽东的领导，我们可能还会在黑暗中摸索。作决议，最重要的是肯定毛泽东的历史地位和毛泽东思想的指导作用。

我们起草的初稿有 5 万多字，很像学术文章。简明的论断较少，读起来沉闷，毛泽东的地位也不突出、不鲜明，邓小平不满意。后来，陈云出了个好主意，回溯建党以来的历史发展过程，就把毛泽东的地位凸显出来了。谁来写这一段？胡乔木就把胡绳请来了。胡绳是近代史大家，只有他来才能在较短时间内将稿子赶出来。胡绳写的回顾新中国成立前 28 年那段历史，彰显了毛泽东的历史地位和毛泽东思想的指导作用。我是参与写新中国成立后10年那段历史的。龚育之是我们的负责人。整个稿子由胡乔木统改。他逐字逐句进行修改，有的地方基本上是他重写。改完之后，他病了一场，真是呕心沥血。可以说，邓小平是历史决议的总设计师，胡乔木是总工程师。没有邓小平，历史决议不可能有这样的政治格局和总体把握。没有胡乔木，历史决议也不可能在总体上有这样的严谨文字和科学论断。历史决议起草小组是1979年10月成立的，前后历经20个月，1981年6月底党的十一届六中全会最终一致通过了这个2.8万多字的决议。

今天看，这个历史决议是经得住历史检验的，它起到了定海神针的作用。回顾改革开放40多年，重温这个历史决议很有必要。也就是说，我们今天还要坚持这个历史决议的基本精神，偏离了就会出问题。邓小平说得很清楚，基本路线一定不能改变，谁改变谁垮台。同样，历史决议也一定不能改变。我们国家之所以在改革开放之后发生这么大变化，而没有发生颠覆性错误，这个历史决议起了政治保证作用。苏联解体、苏联共产党垮台，因为没有这样一个决议，犯了全盘否定历史的错误。我们的经验要好好研究，苏联的教训更要吸取。历史决议讲得很明确，毛泽东在“文化大革命”中所犯的严重错误，是一个伟大的无产阶级革命家、伟大的马克思主义者所犯的错误。我们绝不能否定毛泽东和毛泽东思想。这也正如习近平总书记所指出的，不能用改革开放后的历史时期否定改革开放前的历史时期，也不能用改革开放前的历史时期否定改革开放后的历史时期。

中国化马克思主义是不断发展的理论

程冠军：马克思主义是发展的理论。改革开放 40 多年来，马克思主义中国化不断取得新的发展，在毛泽东思想之后先后形成了邓小平理论、“三个代表”重要思想、科学发展观等党的新指导思想。经过党的十八大以来的砥砺奋进，又形成了习近平新时代中国特色社会主义思想。请您谈谈改革开放 40 多年来，马克思主义在中国的新发展。

石仲泉：党的十一届三中全会以来，我们党始终将马克思列宁主义基本原理与中国改革的实践相结合，先后创立了一个又一个中国化马克思主义理论，形成了中国特色社会主义理论体系。这个理论体系，发端于邓小平理论。它将马克思列宁主义基本原理同当代中国实践和时代特征相结合，紧紧抓住“什么是社会主义、怎样建设社会主义”这个根本，准确把握社会主义的本质，比较系统地初步回答了中国社会主义的发展道路、发展阶段、根本任务、发展动力、外部条件、政治保证、战略步骤、党的领导和依靠力量以及祖国统一等一系列基本问题，指导我们党制定了社会主义初级阶段的基本路线，形成了比较完备的科学体系，把对社会主义的认识提高到了一个新的科学水平。邓小平理论是毛泽东思想在新的历史条件下的继承和发展。党的十五大明确指出，邓小平理论“是马克思主义在中国发展的新阶段”。

邓小平理论之后，就是“三个代表”重要思想。这是在建设具有中国特色社会主义的实践中对“什么是社会主义、怎样建设社会主义”和“建设什么样的党、怎样建设党”的认识的深化，以及长期积累的治党治国宝贵经验的深刻总结。这是以江泽民同志为主要代表的中国共产党人的重大理论创新。

在“三个代表”重要思想之后，以胡锦涛同志为总书记的党中央提出了科学发展观。科学发展观是根据新的发展要求，深刻认识和回答新形势下实现什么样的发展、怎样发展等重大问题形成的以人为本、全面协调、可持续发展的新发展理论。

党的十八大以来，以习近平同志为核心的党中央统筹推进“五位一体”总体布局、协调推进“四个全面”战略布局，提出一系列新理念新思想新战略，出台一系列重大方针政策，推出一系列重大举措，推进一系列重大工作，解决了许多长期想解决而没有解决的难题，办成了许多过去想办而没有办成的大事，党和国家事业发生了历史性变革。我们国家的经济实力、科技实力、国防实力、综合国力、国际影响力和人民的获得感显著提升，中华民族迎来了从站起来、富起来到强起来的伟大飞跃，迎来了实现中华民族伟大复兴的光明前景。习近平新时代中国特色社会主义思想既顺应时代发展，又与我们党以往的指导思想一脉相承，是对马克思列宁主义、毛泽东思想、邓小平理论、“三个代表”重要思想、科学发展观的继承和发展。它从理论和实践结合上系统回答了新时代坚持和发展什么样的中国特色社会主义、怎样坚持和发展中国特色社会主义这个重大时代课题，是对中国特色社会主义认识的新飞跃，开拓了科学社会主义理论的新境界。习近平新时代中国特色社会主义思想，既是中国特色社会主义理论体系的重要组成部分，又是马克思主义中国化的最新成果，是当代中国最鲜活的马克思主义。它是我们党和人民实践经验和集体智慧的结晶，必须长期坚持并不断发展。在习近平新时代中国特色社会主义思想指引下，中国共产党才能领导全国各族人民统揽伟大斗争、伟大工程、伟大事业、伟大梦想，开启全面建设社会主义现代化国家新征程，为实现中华民族伟大复兴而奋斗。

中国共产党是勇于自我革命的政党

程冠军：中国共产党是勇于自我革命的政党。作为著名的党史专家，请您谈谈中国共产党历史上的历次自我革命，特别是改革开放以来的自我革命。

石仲泉：我们党是勇于自我革命的政党。在党的百年历史上，有这样几次重大政治决策、重大政治活动，对实现党的自我革命具有重大意义，对党的历史产生了深刻影响。这就是八七会议、遵义会议、延安整风、党的十一届三中全会。党的十八大以来的全面从严治党，更是新时代新的伟大自我革命。下面我着重谈谈改革开放以来党的自我革命。

1976 年 10 月粉碎“四人帮”的胜利，从危难中挽救了党，挽救了国家。1978 年底召开的党的十一届三中全会是新中国成立以来我们党历史上具有深远意义的伟大转折。全会实现了从“两个凡是”到解放思想、实事求是，从“以阶级斗争为纲”到以经济建设为中心，从封闭半封闭到全面改革开放的历史性转变。全会还充分肯定必须完整地准确地掌握毛泽东思想的科学体系，开始全面地认真地纠正“文化大革命”及以前的“左”倾错误，审查和解决了党的历史上一批重大冤假错案和一些重要领导人的功过是非问题。这些都标志着我们党重新确立了马克思主义的思想路线、政治路线和组织路线。1981 年 6 月底，党的十一届六中全会通过的历史决议明确指出：“我们党敢于正视和纠正自己的错误，有决心有能力防止重犯过去那样严重的错误。”所以说，在粉碎“四人帮”以后，党的十一届三中全会的拨乱反正是我们党的历史上又一次具有伟大自我革命意义的重大政治活动。

党的十八大以来的全面从严治党，开启了新时代新的伟大自我革命。2014 年 12 月，习近平总书记明确提出“全面从严治党”。从此，形成了“四个全面”战略布局。在“四个全面”战略布局中，“全面从严治党”是起决定性作用的。因为党是领导一切的，党的建设是贯穿各个领域的，只有把党管好、治好，各项工作才能做好。全面从严治党事关党和国家的生死存亡。全面加强党的建设，特别是推进党风廉政建设和反腐败斗争，展示出我们党新的伟大自我革命的历史担当。习近平总书记强调，要兴党强党，就必须以勇于自我革命精神打造和锤炼自己。只有努力在革故鼎新、守正出新中实现自身跨越，才能不断给党和人民事业注入生机活力。不断勇于自我革命，是党和国家事业兴旺发达的重要法宝。为了始终保持中国共产党人的先进性和纯洁性，不忘初心，实现肩负的崇高使命，自我革命永远在路上。

程冠军：习近平总书记指出，改革是一场深刻革命。改革开放是“中国的第二次革命”。您如何看待“改革是一场深刻革命”？

石仲泉：改革开放使我国发生了翻天覆地的变化，这个变化丝毫不亚于革命斗争使我们国家发生的变化。革命斗争使我们的国家站起来了，改革开放使我们国家富起来了，全面深化改革又使我们国家走向强起来。说改革是一场深刻革命，这里讲的“革命”是转意的，不是本意的。本意的革命是阶级斗争，是政治暴动。说改革是一场深刻革命，是在说明它的变化之巨大、之剧烈。这是在引申意义上使用的。它虽然有斗争性，但不是原来意义上的疾风暴雨式的阶级斗争和群众运动。所以，讲革命不要与阶级斗争画等号。现在讲改革是一场深刻革命，丝毫不意味着重提“以阶级斗争为纲”，尽管阶级斗争还在一定范围内存在，但它已不是主要矛盾了。改革开放从一开始就是在法制和法治的框架内进行的。我们应当与时俱进，跟上时代前进的步伐和历史发展的主旋律，来认识和对待改革开放中出现的问题，不能用习惯性的思维定式来看待现实社会生活中出现的这样那样的问题。

“主要矛盾转化论”是理论认识上的“松绑”

程冠军：您认为，党的十九大报告的亮点之一就在于它解开了过去思想认识上的一个“死结”，对我国社会主要矛盾的认识与对我国处于社会主义初级阶段的论断“松绑”了。请您谈谈“松绑”的意义。

石仲泉：自党的十三大系统阐述了我国正处于社会主义初级阶段的理论，“我国将长期处于社会主义初级阶段”在 1999 年宪法修正案中确认以来，每次党代会都强调这个基本国情没有变。党的十五大和十九大还对此做了重要论述。为什么要强调这个问题？这绝不是无的放矢。进入 21 世纪以来，我国社会生产力快速发展，人民生活的需要在不断变化。过去对主要矛盾的表述与实际情况不适应了，而且距离不小。现在不是不能满足需要的问题，而是在许多方面出现了产能过剩、好多物资供大于求，是发展不平衡不充分，需要大力提升发展质量和效益。因此，对我国社会主要矛盾究竟如何认识和表述，不少学者提出了自己的看法，党中央也在思考这个问题。在起草党的十六大、十七大和十八大报告过程中，曾有人提议修改我国社会主要矛盾的表述。那时没有改，认为这涉及对社会主义初级阶段的国情判断。如果改了，对初级阶段的国情判断要不要改？那时是将两者捆在一起考虑的。这又涉及党的路线方针政策要不要改的问题。把握不好，会犯大错误。

党的十九大报告的亮点之一就在于它解开了过去思想认识上的一个“死结”，不再将对我国社会主要矛盾的认识与对我国处于社会主义初级阶段的论断紧紧地捆在一起，所以说是“松绑”了。党中央只改对当前我国社会主要矛盾的认识，不改我国仍处于并将长期处于社会主义初级阶段的基本国情的论断。这是思想的一大解放，也是理论认识上具有创新性的突破，符合我国进入中国特色社会主义新时代的实际情况。习近平总书记指出，全党要牢牢把握社会主义初级阶段这个基本国情，牢牢立足社会主义初级阶段这个最大实际，牢牢坚持党的基本路线这个党和国家的生命线、人民的幸福线。这是我们国家进入新时代后继续坚持中国特色社会主义道路的基石。只要能坚定不移地“牢牢把握”“牢牢立足”和“牢牢坚持”，那么到 21 世纪中叶新中国百年诞辰时，就一定能够全面建成富强民主文明和谐美丽的社会主义现代化强国。

中国改革开放的大门会越开越大

程冠军：习近平总书记特别强调，要处理好“顶层设计和摸着石头过河的关系”。党的十八大以来，特别是党的十八届三中全会之后，党中央更加注重对改革的顶层设计。您如何看待顶层设计和摸着石头过河二者之间的关系？

石仲泉：习近平总书记带领我们进行的包括全面深化改革在内的新时代中国特色社会主义事业，是邓小平开创的改革开放的继续和深化。这说明改革开放已经到了一个新的历史节点，要啃硬骨头，要涉险滩，要解决此前没有解决的一些历史难题。原先我们注重摸着石头过河，现在我们为什么要注重顶层设计？因为现在我们经验丰富了，有些问题看得比较清楚了，站得高就可以看得远。改革开放初期没有经验，如建设特区有好多问题看不清楚，只能摸着石头过河，大胆地试、大胆地闯嘛。摸着石头过河是实践出真知，是实践论观点。有些人贬损它，只能说明他们太不了解中国国情，太不了解实践论了。这是另一种偏执。顶层设计是对实践经验的高度总结，能够更长远地看到某些问题，是从战略上看问题和解决问题，但是它的基石是摸着石头过河积累的经验。否则，那种顶层设计只能带来严重后果。二者是实践论和认识论在不同层面的表述。摸着石头过河和顶层设计都要符合基本国情。不符合基本国情，摸着石头过河就会出问题。摸着石头过河就是要使党的方针政策符合基本国情，坚持实事求是的思想路线。不符合基本国情的顶层设计，那就是空论误国，会出大问题。如苏联的500天休克疗法就是一个反面例证。因此，摸着石头过河和顶层设计不能对立起来，一定要结合好。我们既不能只要摸着石头过河，不要顶层设计；也不能只要顶层设计，不要摸着石头过河。

程冠军：党的十八大以来，改革力度之大、速度之快，势如破竹。您怎么看当前改革中干部的担当问题？

石仲泉：党的十八大以来党中央在加大对改革的顶层设计方面出台了一系列政策举措，成立了若干领导小组（后改为委员会），出台了许多关于顶层设计的改革方案。这些改革方案经过长期的调查研究和反复酝酿，抓住了关键点。下一步重要的是把设计变成创造性的实践。现在有些领导干部在对中央精神贯彻上有一个不容忽视的问题，就是“上下一般粗”。中央怎么说，包括县级单位乃至乡镇也照搬照抄，原封不动地讲，不能结合本地的实际情况去把它细化，更不要说创造性发展。我们对上级的指示、方针政策要不折不扣地贯彻执行，但不能当传达室和收发室，一定要结合本地实际情况加以消化、具体化，使它符合本地实际，让广大群众满意。我们经常说马克思主义和中国实际相结合，同样地，中央的路线方针政策也要跟本地区的实际情况相结合。光有马克思主义，没有中国实践不行。光有中央指示，没有符合本地实际情况的具体措施也不行；我们现在许多地方党政一把手缺乏这个经验。这就涉及担当和作为的问题，涉及干部的选拔问题。现在为什么讲新担当、新作为？一个重要方面，就是要解决“上下一般粗”的问题。

程冠军：您对未来的改革开放有哪些期许？

石仲泉：我认为党中央还会进一步解放思想。只有解放思想，才能够全面深化改革，才能统筹推进“五位一体”总体布局，协调推进“四个全面”战略布局，才能使中国特色社会主义进一步大放光彩。解放思想是原动力，只有解放思想才会进一步加大改革开放力度，在改革开放的大道上越走越宽广。中国改革开放的大门永远不会关上，也不能关上，而会越开越大。

国有企业为什么能

——对话中国企业改革与发展研究会会长、中国上市公司协会会长 宋志平

宋志平，中国企业改革与发展研究会会长、中国上市公司协会会长。先后任中国医药集团总公司董事长、中国建材集团有限公司党委书记、董事长。在长期的国企管理和改革实践中，宋志平在学习和实践中开创了“央企市营”“整合优化”“格子化管控”“八大工法”“六星企业”“三精管理”等改革创新模式，被企业界推崇为“宋志平模式”。他先后推动 8 家央企重组、混合近千家民企，创造性提出“央企实力 + 民企活力 = 企业竞争力”公式，被认为是中国混合所有制改革的先行者。先后出版《包容的力量》《央企市营》《国民共进》《我的企业观》《经营方略》《笃行致远》《问道改革》《经营心得》《改革心路》《问道管理》《问道创新》等 10 多部著作。

国有企业是国民经济的重要支柱，是壮大国家综合实力、保障人民共同利益的重要力量，必须理直气壮做强做优做大，不断增强活力、影响力、抗风险能力，实现国有资产保值增值。当前正是国有企业改革“啃硬骨头”和“攻坚拔寨”的阶段。《国企改革三年行动方案（2020—2022年）》明确提出改革的目标、时间表、路线图。如何以高度的政治责任感和使命感，坚持国有企业市场化改革方向不动摇，推动国有企业改革向纵深发展？

国企改革的成就与经验

程冠军：改革开放40多年间，国企经历了凤凰涅槃式的新生，极大地壮大了国有经济。请您谈谈国企改革的成就和经验。

宋志平：改革开放40多年，国有经济在快速发展。在2019年世界500强中，中国上榜企业有129家，大陆有119家，国企有87家。有人认为世界500强是500大，不优也不强。我的看法是，国务院国资委成立之初，我国世界500强企业只有2家。由此看来，我们的进步是明显的，国企改革取得的成绩是很大的。国企改革的成就和经验有哪些呢?

其一，市场化改革，推动企业上市和混合所有制发展。今天中央企业70%的资产在上市公司，或者说我们主要参与竞争的都是上市公司，很少是国有独资公司。上市后，募集的大量资金用于支持公司的发展。如果没有上市，大多的国企和央企可能活不到今天。上市是我们做得非常正确的选择，当然当年上市的时候也是因为没有资金，才选择上市。上市以后，我们引入市场机制，就得按照上市公司的标准来要求自己，尽管没能完全做到政企分开，但毕竟和过去单一的国有企业不同了。任何政府部门都会想到这是一家上市公司，它还有很多股民，所以上市对我们来讲意义深远。

其二，建立现代企业制度，企业核心是董事会。外部董事占多数的董事会、薪酬制度改革等，这对央企来讲是一件很大的事情。外部董事在董事会占多数是对的。公司法里只有董事，没有外部董事、独立董事、职工董事之分。董事最大的作用是促进企业发展，而不是在董事会里互相监督。应该由董事长做班长，组织董事们一起开好董事会。董事的来源可以是多元化的，通过来源调整董事结构，可以提高公司的规范治理，减少内部人控制。

其三，坚持主业和瘦身健体。这些年，国企、央企坚持主业的做法是对的。国资委主张央企三个主业为限，“一主两辅”。很多企业一见赚钱业务就想做，如果没有这个限制，这些企业今天都不知在做什么。在瘦身健体方面，央企取得了很大的进展。近三年，央企的下属企业减少近 1.4 万家。

其四，自主创新，大力推进转型升级。央企是创新的组织，一大批具有世界先进水平的标志性重大科技成果、大国重器等都是由央企完成的。像中国建材有 26 家科研设计院，3.8 万名科研人员，1.2 万项专利。我国建材行业几乎所有的技术都是由中国建材提供的。

其五，走出去，开展“一带一路”业务。在“一带一路”建设过程中，国企、央企打头阵，如桥梁、道路、机场等基础建设都是国企、央企承接的。中国建材在“一带一路”沿线国家建了 300 多个水泥厂。全球 65% 的大型水泥厂是由中国建材建设的。30 年前，中国的水泥设备等都是从跨国公司购买，而现在很多跨国公司都是从中国建材购买。此所谓“三十年河东，三十年河西”。当然，我们在“走出去”道路上，在“一带一路”建设过程中，也和跨国公司共同合作，共享机会。我们在进博会上签署相关合作协议，与 ABB 、施耐德等很多企业寻求合作，而不是“吃独食”。

其六，加强党建工作，把政治优势转化成竞争优势。习近平总书记指出，坚持党的领导、加强党的建设是国有企业的“根”和“魂”，要把国有企业党的领导和规范的现代企业制度结合起来，做到“两个一以贯之”——坚持党对国有企业的领导是重大政治原则，必须一以贯之；建立现代企业制度是国有企业改革的方向，也必须一以贯之。党建工作是国有企业的光荣传统和独特优势，也是特有的竞争优势。多年的工作表明，党建工作和企业经营水平息息相关。在企业里，党建工作做得好，企业经营发展就会做得好；党建工作做不好，企业经营发展往往也做不好，甚至乱象丛生。党建工作很重要，实际上党建工作就是企业的政治文化。这些年整个市场环境净化了，党建引领企业政治文化功不可没。

国企与民企共进共赢

程冠军：混合所有制在国企的改革发展中是不是发挥了重要作用？请您谈谈对混合所有制的认识。

宋志平：国企改革以来，我们破解了一个世界性难题，就是国有经济和市场经济到底能不能结合。按照西方社会的回答是否定的，他们认为国有经济和市场经济是不能结合的。因为西方国家搞过国有化运动，也搞过私有化运动。20 世纪 80 年代，密特朗总统上台后在法国搞国有化运动，后来右派又搞私有化运动，现在法国基本是私有化的体制。目前搞国有化运动的，大多是一些小国家，效果并不是很好。我国是社会主义国家，我们做了一个艰难的探索，到底国有经济和市场经济能不能结合起来。

党的十八届三中全会把发展混合所有制上升到基本经济制度重要实现形式的高度。这既是对多年来国企改革实践的总结和认可，也为新形势下深化国企改革指明了大方向和着力点。党的十九届四中全会又专门把混合所有制提出来，要求发展混合所有制经济，增强国有经济的竞争力、创新力、控制力、影响力和抗风险能力。也就是说，发展混合所有制仍然非常重要。这是一把金钥匙，是使国有经济和市场经济相连接的纽带。

2013 年在成都举办的财富全球论坛上，有场关于国企和私企的论坛，回答问题很有挑战性，因为当时国企的舆论环境并不是很好。美国耶鲁大学资深教授史蒂芬·罗奇做主持人，他过去是摩根士丹利的首席经济学家。论坛开始，罗奇就问我：“宋先生，您怎样理解让中国国企成为充分竞争市场中的一员？”“您认为20世纪90年代关于国企上市的这个决定，是不是推动中国企业提高竞争力的主要力量？”我说：“您的问题就是答案，中国的国企是经过这么多年改革的国企，是上市了的国企，是混合所有制的国企。中国的国企和西方理解的国企是不一样的，和计划经济时期的国企也是不一样的。此国企非彼国企，此央企非彼央企。”

混合所有制能够解决四个问题。第一，解决国有经济和市场接轨的问题。混合所有制用市场机制扩大了对国有经济的控制幅度，实现了保值增值，维护了我国的基本经济制度。第二，解决国企的深化改革问题。社会资本的引入可以促进产权的多元化改革，推动现代企业制度的建立和规范制度的建设，有利于进一步推动政企分开。实现所有者到位，可以推进经营团队建设和骨干持股、员工持股制度的建立，加快职业经理人队伍的建设。第三，解决社会资本进入国企部分特定业务的途径问题，使市场更加公平公开，同时促进我国民企的规范化管理和运作。第四，解决“国进民退”“国退民进”的长期纷争，国有企业和民营企业交叉持股、互相融合，建立“国企民企共进”和“国企民企共赢”的融合体系，形成经济发展的合力和正能量。

程冠军：您在一次论坛上提出“国企民企一家亲，试看天下谁能敌”，其实这也是对“国进民退”“国退民进”“民营经济离场论”“新的公私合营论”等一些奇谈怪论的有力回应。对此您怎么看待?

宋志平：之前社会上关于国企民企有很多争论。中国的经济是融合的经济，国有企业和民营企业是融合的关系，国有企业和民营企业共同发展。国有企业的一项重要功能就是公益和保障，为整个社会经济搭台。在充分竞争的领域里，国有企业采取的方式是发展混合所有制经济，就是和民营企业一起混合的方式。在公益和保障事业里，国有企业会无条件地来承担这些国家责任、社会责任。国企、民企彼此优势互补、相得益彰。我们中国人懂得辩证思维和哲学思维，能够把两个看似不同的东西融合在一起。我们有阴阳，有太极，把“黑鱼”和“白鱼”有机地画在一起成为太极图。这是我们民族的特有智慧。

国企要学习民企的市场化意识、企业家精神，学习民企的内部机制。尤其是民企有天然的所有者，机制要比国企好。国企代理人制度，有时候会出现所有者不到位的问题。现在国企全力以赴进行机制改革。机制革命是推开国企改革的最后一扇门。无论在体制方面，还是在制度方面，国企经过改革，今天已经成为市场的竞争主体。但是国企的内部机制还只是半市场化机制，改革远远没有到位。所以我们要学习民营企业，要把民营企业市场化的机制引入国有企业。我们要推动员工持股，推动经理层持股，推动科技分红和超额利润分红。相信只要把机制这课补上，我们国企也能够做好。今天我们讲共生和协同，实际上它并不仅仅是一种方式，而且是一种观念、一种智慧，深层次表达了中华民族最高的境界：不仅要自己做好，还要大家都做好。

民企要向国企学些什么？我现在任中国上市公司协会的会长，上市公司里 2/3 是民企，1/3 是国企。最近一段时间，我接触了不少民企，和民企的董事长尤其是过去一年多遇到问题的董事长进行了深入交谈。我感到民企也有向国企学习的地方，可以吸取国企的一些经验，如国企的战略思维、规范化管控、团队建设等等，都值得民企进行学习。比如，主业管控，过去这段时间，一些民企在做业务的时候就脱离了主业，脱离了核心业务，盲目地扩张。国企、民企的共生协同不仅包括经验方面的相互学习，也体现在产业链上你中有我、我中有你。这就是中国特色：国民共进。所以我说：“国企民企一家亲，试看天下谁能敌！”

中国建材与中国医药改革的启示

程冠军：新中国成立70多年来，我们积累了许多国有企业改革发展和经营管理的宝贵经验，也就是说我们已经有了国有企业自己经营管理的方法论。这一点您深有体会，因为您曾担任过中国建材和中国医药两大集团的董事长。管理好两个完全不相关的行业，靠的就是方法论。请您谈谈这方面的体会。

宋志平：我曾担任董事长的中国建材集团和中国医药集团都处在充分竞争领域，而且都是通过混合所有制快速发展起来的央企。中国建材集团的资金有75%来自社会资本，只有25%是国有资本。中国医药集团的资金有65%是社会资本，35%是国有资本。2014年初，央视《对话》栏目做了一期我的专访，让我专门讲两家企业发展混合所有制的故事，并作为开年的第一期节目播出，取名为“尝鲜混合所有制”。节目里的几位现场嘉宾是中国建材集团和中国医药集团的民营企业家。

当初中国建材集团底子薄，基础差。这样一家企业如何获得发展资源、用什么方式做大做强呢？中国建材集团探索并践行了“央企市营”改革模式，通过与市场资源的联合和与社会资本的混合改变了自身命运。

与市场资源的联合，就是用联合重组的方法做水泥和大宗建材产品，按照南方水泥有限公司成立时习近平同志贺信提到的“战略整合、区域合作、联合发展”的方向，重组近千家企业，发展成为全球规模最大的水泥供应商，创造了世界水泥发展史上的奇迹。

与社会资本的混合，就是在发展中引入社会资本，采用市场化方式收购重组民营企业，大力发展混合所有制经济。我们以 400 亿元国有资本吸引 1 200 亿元社会资本，撬动近 6 000 亿元总资产，实现了以一定国有资本吸引大量社会资本进行发展的改革初衷，被誉为“混合所有制改革的先行者和开拓者”。中国建材集团按照“央企实力 + 民企活力 = 企业竞争力”的混改公式、“规范运作、互利共赢、互相尊重、长期合作”的混改方针、“混得适度、混得规范、混出效果”的混改原则，以“国民共进”方式进行企业市场化改革和行业结构调整，混合所有制覆盖面达 80%。中国建材集团混改经验《国有企业混合所有制发展实践研究——以中国建材集团为例》入选马克思主义理论研究和建设工程重大实践经验总结课题。目前中国建材集团肩负国有资本投资公司、发展混合所有制、落实董事会职权、中央企业兼并重组、员工持股五项改革试点。

在我任中国医药集团董事长期间，把中国建材集团的行业整合和资本混合的经验成功复制了过去。大家可能奇怪，建材和医药两个行业差别这么大，为什么选择了同样的发展模式？这就是我常讲的，任何事物都有自己的内在规律，从不同事物的内在规律中能提炼出很多相通的道理。把握了这些规律和相通的道理，就能有针对性地作出判断。建材和医药确实风马牛不相及，但这两个行业都处在充分竞争的领域，也都存在企业分散、集中度低、恶性竞争等特点。在医药销售领域，中国有两万多家小药商，而美国的医药销售、分销、配送市场完全由三家企业覆盖。相似的行业特点决定了相似的发展规律，中国医药集团也走上了市场化改革道路：2009 年 9 月国药控股在香港上市，在资本市场融资 60 多亿港元，之后利用融到的资金在全国先后收购了 600 多家医药企业，覆盖全国 290 个地级市，打造出国家级医药健康平台。2013 年，中国医药集团和中国建材集团一道，双双进入世界 500 强。

坚持国有企业改革方向

程冠军：当前我国国有企业的改革方向是什么？

宋志平：党的十八大以后，国企改革进入了新阶段。党的十八届三中全会制定了改革的总纲领。这一轮改革更加注重顶层设计，更加注重改革的系统性、整体性、协同性，出台了 1+N 系列文件。当前政策体系、顶层设计和四梁八柱的大框架已经基本建立，改革措施百花齐放，改革试点亮点纷呈，对改革认识也不断深入。当前国企改革的目标仍是把我国公有制为主体、多种所有制经济共同发展的基本经济制度跟市场接轨，实现国有资本和市场经济的有效结合。经过在理论和实践上的大量探索，基本解决了这个难题，就是做好国企体制、制度、机制改革三件事。体制改革就是处理好国有经济、国有资本、国有企业之间的关系。国资委管资本，国家出资企业管股权，被投资的混合所有制企业开展市场化运营，建立起三层国资监管体制。制度改革就是完善国企运作的方式，处理好所有者、经营者、决策者、执行者之间的关系，建设中国特色现代企业制度。机制改革就是优化企业效益和经营者、劳动者利益之间的关系。现在在体制、制度改革上都有比较清晰的办法，要在机制改革上进一步发力，这是最重要的事情。

党的十九届四中全会特别强调，“着重保护劳动所得，增加劳动者特别是一线劳动者劳动报酬，提高劳动报酬在初次分配中的比重。健全劳动、资本、土地、知识、技术、管理、数据等生产要素由市场评价贡献、按贡献决定报酬的机制。”劳动、技术、管理和资本一样，都是生产要素，要按照各自贡献来决定报酬，这为机制改革打开了“天窗”。什么是机制呢？就是企业效益和经营者、员工利益正相关的关系。有关系就是有机制，没关系就没有机制。我 20 多年前在北新当厂长时，提出“工资年年涨，房子年年盖”，一下子把一个濒临倒闭的企业带成了一个优秀的上市公司。无数事实证明，没有机制，神仙也做不好企业；有了机制，做企业不需要神仙。机制属于治理范畴，是企业重要的分配制度。无论企业是什么所有制、规模多大，有机制才能发展好，没有机制很难生存。

1975 年，美国大企业圆桌会议提出了股东利益最大化，这些年一直作为企业的经营原则。现在来看，股东利益最大化是有助于提升效率的，但是如果过度则会加速两极分化。20 世纪 50 年代之前，西方主要国家收入差距很大，收入最高的 1% 的人占有 20% 的收入。20 世纪 50 年代至 80 年代这段时间，随着技术发展、职业经理人和中产阶级的崛起，美国、欧洲，包括日本在内的西方国家，社会公平度提升了，收入最高的 1% 的人占有收入降到 6% ～ 12%。但是从 20 世纪 90 年代起，贫富差距又拉大了。当前在美国，前 10% 的人掌握了 50% 的财富。这就说明分配的规则出了问题，应该重新修改规则。最近美国大企业圆桌会议发表声明，说："过去我们错了！"企业应该惠顾所有利益相关者，尤其是要提高企业劳动者的收入。

我国现在也面临着这样的问题，房价这么高，普通员工靠工资性收入买不起房。只能靠机制改革，做一些财富上的共享。所以，我们必须理性看待财富，把公平放在重要位置，建立共享平台，建立经营者、劳动者、国有股东的正相关关系，将财富让渡一部分。今天在考虑分配的时候，既要照顾到所有者，也要照顾到经营者和劳动者。企业进行财富分配的时候，要在三者之间进行平衡，既要考虑到所有者，让所有者获得远高于社会平均利润的回报，所有者才会增加投资，扩大再生产；又要奖励优秀的经营者，让他们尽心尽力做好经营，把握市场机遇，作出正确决策，把企业经营好。同时要考虑到广大职工群众，因为企业的财富都是他们劳动创造的。这三者之间要真的达到很好的平衡，就要有共享机制。通过共享机制，员工可以共享改革发展成果，凭诚实劳动多获得一些收益。企业效益好了，所有者就会赚得更多。

2018 年我到华为拜访任正非，跟他进行了一次畅谈。华为为什么崛起了呢？我觉得有两点：一是华为有任正非这样一个具有企业家精神的企业家。二是华为有"财散人聚"的机制，把财富更多地分给干部和员工，从而增强了企业的凝聚力。任正非告诉我说，华为的机制就是分享，所有者分一份财富，经营者和管理者分三份。所谓资本，都在他们这些经营者和技术骨干的脑壳里。华为是近乎全员持股的公司，它把股权和能力、贡献和年薪很好地结合起来，增强了企业的向心力和亲和力，提高了企业的创新力和竞争力。

2018 年我到万华公司调研。万华是山东烟台的一个国有小企业，经过几十年的发展，居然成了中国的“巴斯夫”，一年做到 640 亿元的收入、164 亿元的利润。习近平总书记 2018 年 6 月 13 日视察烟台万华工业园，并在那里讲了一段发人深省的话：谁说国企搞不好？要搞好就一定要改革，抱残守缺不行，改革能成功，就能变成现代企业。

万华是怎么成功的呢？因为建立了共享机制。万华的股权结构中国有股占 20.6%，员工持股占 20%，剩下的是散户。同时，万华的科技分红做得很好，谁的技术创造了效益，公司拿出效益的 15% 奖励相关技术人员，而且一分就是五年。恰恰是因为这种机制，万华成了我国国企改革的一面旗帜，成为全球化工领域里一个高端的化工厂。大家戴的树脂眼镜片，全世界只有 3 家公司能做，其中就有万华。为什么万华做得出来呢？就是因为有共享机制。

华为和万华的成功启示我们，无论何种企业都得进行机制革命。机制并不只是民营企业有，民营企业华为靠机制能做好，国有企业万华靠机制也能做好。

叫响国有企业家品牌

程冠军：改革开放以来，有这样一种现象，好像一提到企业家，大家纷纷把目光聚焦到民营企业家身上。而对于国有企业中的优秀企业家，我们好像并不怎么提及。我们更习惯于把国有企业的企业家当作官员看待。您就敢理直气壮地承认自己是“国有企业家”。我认为，当下我们应该大力推塑国有企业的企业家，要叫响这个品牌。对此，您怎么看？

宋志平：长期以来，围绕国有企业有无企业家，学术界争论不休。改革开放后，我们开始把敢于改革传统体制的国企领导人称作企业家，后来把成功的民营企业带头人当作企业家。也有一段时间不提企业家，只提企业创业者，其实这是“企业家”这个词的英文直译。近些年，国有企业家常常不被认可，参加一些活动时，我常被问到：“你认为自己是企业家吗？”一些学者认为，企业家应是白手起家的创业者，民营企业有企业家，而国有企业的领导人是靠“红字头”任命的，不应该叫企业家。事实上，国有企业是有企业家的。改革开放以来，我国国有企业在改革的洗礼中浴火重生，孕育和培养了一大批杰出的国有企业家。这些国有企业家肩负使命，坚守实业，突破资本、市场、技术、人才等重重困难，创造了享誉全球的中国制造，为国家创造了巨大财富。

习近平总书记 2014 年 11 月在亚太经合组织工商领导人峰会开幕式上提出“市场活力来自于人，特别是来自于企业家，来自于企业家精神”。国有企业家既是在改革开放的伟大时代中涌现的，也是他们在领导企业改革发展中练就的。他们大多从基层做起，一步一个脚印走上领导岗位；他们大多经受过困难的磨炼，以坚忍的担当带领企业勇往直前；他们大多淡泊名利，用甘于奉献的精神赢得职工群众的信赖。每个国有企业家的成长经历都是一部光荣的创业史，每一家国有企业的成功都浸透着他们巨大的付出和艰辛的汗水。

经营好国有企业是一件十分辛苦的工作。国有企业家常常要面对传统体制和市场机制的双重压力。社会上一些人对国有企业家还缺乏应有的理解，误以为国有企业盈利全是靠垄断。其实，国有企业在经营中要面对各种市场风险，同时还要面对一些固有的体制机制问题。国有企业家只有大胆创新、锐意改革才能使企业焕发活力。因此，他们要有强大的心理承受力、敢于决策的担当力、抢抓机遇的爆发力、引领职工的感召力。有这些特质的国有企业家不是一般的企业经营者，他们首先必须是改革者和创新者。

国有企业家是我国经济生活中的宝贵财富，是难得的经济人才。国有企业家要完成国有资产保值增值的任务，承担市场不确定性的风险，肩负着经济责任、社会责任、政治责任和国家责任。他们是多重目标任务的承担者，因而更需要社会的关心和爱护。对于国有企业家要权责统一，要调动国有企业家干事创业的积极性，就要在政治上爱护、工作上帮助、生活上关心，让他们放下包袱，为他们解决后顾之忧，让他们安心、安身、安业。

关心和爱护国有企业家，需要做到以下几点：一是充分认识国有企业家的历史贡献和发展规律；二是按照改革要求，强化国有企业家的经营决策权；三是为国企发展创造良好环境，充分理解国有企业家的工作难度，坚定支持他们的改革创新，宽容他们在经营中的正常失误，增加他们前进的勇气；四是加快队伍建设，使国有企业家成为听党指挥、勇担国家使命和社会责任的先锋队；

五是充分信任，做好服务，解决好生活待遇等问题。大多数国企领导人工作时兢兢业业，承担着很大的压力与责任，因此要给予国有企业家关心和温暖，让他们全身心投入工作，消除后顾之忧。

民营经济为什么好

——对话全国工商联原副主席、中国民营经济研究会原会长 庄聪生

庄聪生，全国工商联原副主席，中国民营经济研究会原会长，第十二届全国政协委员。曾任空军新闻处处长，中央统战部宣传办主任，中央统战部副秘书长兼政策研究室主任、新闻发言人，全国工商联秘书长，全国工商联党组成员、专职副主席，中国民间商会副会长。长期从事统一战线、多党合作、民族宗教、港澳台侨、人民政协和民营经济的理论政策研究，发表文章近千篇，特别是对统一战线和民营经济的研究颇有造诣。2018 年 9 月，出版专著《中国民营经济四十年——从零到“五六七八九”》，此书被誉为“第一本全景式、全方位描写改革开放以来中国民营经济波澜壮阔历程的著作”。

改革开放 40 余年，也是民营经济迅猛发展的 40 余年。民营经济是中国改革的晴雨表，正所谓“春江水暖鸭先知”，改革每前进一步都是对民营经济的再松绑，改革每前进一步也是民营经济的大发展。回顾党领导民营经济的发展历程，总结民营经济发展的成败得失，对于我们进一步推进和扩大改革开放具有十分重要的历史和现实意义。习近平总书记 2018 年 11 月 1 日在民营企业座谈会上强调：“40 年来，我国民营经济从小到大、从弱到强，不断发展壮大。”同时指出：“我国民营经济只能壮大、不能弱化，不仅不能‘离场’，而且要走向更加广阔的舞台。”新时代，民营经济风景这边正好。

民营经济涅槃重生

程冠军：1978 年，党中央召开了具有历史意义的十一届三中全会，开始了思想上的拨乱反正，提出以经济建设为中心的方针，国民经济开始恢复调整，几近消亡的民营经济也开始了重生的历程。请您回顾一下这个阶段民营经济是如何实现从无到有的。

庄聪生：1978—1992年，是中国民营经济的重生阶段。党的十一届三中全会的召开，揭开了我国改革开放的序幕。家庭联产承包责任制的推行，使农村生产力水平迅速提高，粮食、棉花、油料等农产品大幅增产，农民收入大幅提升，农村开始出现剩余劳动力和剩余资金。这就为个体私营经济的产生奠定了经济基础。

1981年6月，党的十一届六中全会审议和通过《关于建国以来党的若干历史问题的决议》。决议指出："国营经济和集体经济是我国基本的经济形式，一定范围的劳动者个体经济是公有制经济的必要补充。必须实行适合于各种经济成分的具体管理制度和分配制度。"在党和国家鼓励和扶植下，城镇个体经济得到恢复和发展。1981年全国注册登记的城乡个体工商户计183万户，从业人员227万人，资金5亿元，销售总额（营业收入）达10.9亿元。不仅解决了一批人员的就业问题，经济也开始"活"了。这一年，中共中央总结了经济改革和国民经济结构调整的经验，中共中央、国务院发布的《关于广开门路，搞活经济，解决城镇就业问题的若干决定》明确指出，今后在调整产业结构的同时，必须着重开辟在集体经济和个体经济中的就业渠道。在我国，国营经济和集体经济是社会主义经济的基本形式，一定范围的劳动者个体经济是社会公有制经济的必要补充。

1982 年，党的十二大报告进一步指出："在农村和城市，都要鼓励劳动者个体经济在国家规定的范围内和工商行政管理下适当发展，作为公有制经济的必要的、有益的补充。只有多种经济形式的合理配置和发展，才能繁荣城乡经济，方便人民生活。"同年 12 月，五届全国人大通过宪法，确认"国家保护个体经济的合法的权利和利益"。个体经济第一次被写入宪法，标志着个体经济在我国取得了合法地位。这是我国经历了 20 多年社会主义建设实践形成的新认识，是对社会主义只能建立单一的公有制经济旧模式的一个重大突破。

在我国改革开放之初，允许鼓励个体劳动者经济的存在和发展，在社会上、在理论界基本上没有引起多少议论并且很快达成了共识。但是，私营经济的重新发展和崛起，则引起广泛关注和非议。争论焦点在于在社会主义条件下能不能允许具有雇工剥削的私营企业存在与发展。在这个问题上，中共中央采取了十分谨慎的态度。1982 年，中央政治局进行了讨论，对雇工经营的私营经济的产生发展，采取"看一看"的方针。1983 年 1 月，中共中央在《当前农村经济政策的若干问题》中指出，我国是社会主义国家，不能允许剥削制度存在。但是我们又是一个发展中的国家，尤其在农村，生产力水平还比较低，商品生产不发达，允许资金、技术和劳力一定程度的流动和多种方式的结合，对发展社会主义经济是有利的。

1987 年 10 月，党的十三大明确了我国的社会主义社会仍然长期处在初级阶段，确立了党在社会主义初级阶段的基本路线，即“一个中心、两个基本点”。党的十三大报告明确指出：“必须以公有制为主体，大力发展有计划的商品经济。”“目前全民所有制以外的其他经济成分，不是发展得太多了，而是还很不够。对于城乡合作经济、个体经济和私营经济，都要继续鼓励它们发展……在不同的经济领域，不同的地区，各种所有制经济所占的比重应当允许有所不同。”这是党中央对个体、私营等非公有制经济在社会主义现代化建设中地位的一个新认识。这是一个具有重大理论和实践意义的飞跃。

1988 年 4 月，七届全国人大通过的《中华人民共和国宪法修正案》增加了以下规定：“国家允许私营经济在法律规定的范围内存在和发展。私营经济是社会主义公有制经济的补充。国家保护私营经济的合法的权利和利益，对私营经济实行引导、监督和管理。”接着，国务院出台了几个有关私营经济的法规。从此，私营经济的存在、发展被纳入了法制轨道，进入了合法的阶段。据1987 年国家工商行政管理局对各地的摸底调查，全国约有私营企业 22.5 万户，雇工有 360.7 万人。其中，以个体工商户的名义存在的有 11.5 万户，雇工有 184.7 万人；以合作经济组织名义存在的有 6 万户，雇工有 96 万人；以集体名义存在的有 5 万户，雇工有 80 万人。

总的来看，回顾这一阶段我国的个体私营经济，基本处于水平较低的初始发展阶段。这一时期虽然允许个体私营经济存在和发展，但毕竟才刚刚起步，加上人们对个体私营经济的认识还没有完全统一，在实践中还存在着这样或那样的顾虑以及各种限制民营经济发展的做法。因此，这一时期民营经济的发展在总体上速度并不快。特别是 1988 年下半年到 1991 年，由于受当时社会政治环境的影响以及姓“资”姓“社”的争论，人们在思想上对发展民营经济的种种顾虑加重，在一定程度上制约了民营经济的发展。在这样的大背景下，个体私营经济发展陷入低潮，出现较大回落，直到邓小平南方谈话以后，我国的民营经济才再次得到迅速发展。

民营经济第二个春天

程冠军：如果说民营经济在改革开放最初十多年的时间里

获得新生，那么邓小平南方谈话之后，我国民营经济发展则迎来了第二个春天。请您谈谈邓小平南方谈话之后，中国民营经济快速发展的十年的情况。

庄聪生：以 1992 年春天的邓小平南方谈话为标志，到党的十六大召开之前的 2002 年，民营经济为期 10 年的创业期，实现了超常规、突飞猛进的发展和飞跃。

1992 年春，邓小平南方谈话从根本上解决了姓“资”姓“社”的问题，再次解放了人们的思想，极大地促进了深化改革和扩大开放的浪潮。在南方谈话中，邓小平提出的“三个有利于”标准以及对计划和市场关系的创造性论述，都是对传统理论的重大突破，也为民营经济纳入体制之内发挥平等竞争作用提供了重要的理论基础。

1992 年 10 月，党的十四大的召开，全面阐释了邓小平建设有中国特色的社会主义理论，并确定了建立社会主义市场经济体制的目标。从此，民营经济政策也有了新的发展。党的十四大报告指出，要以公有制包括全民所有制和集体所有制经济为主体，多种经济成分长期共同发展，不同经济成分还可以自愿实行多种形式的联合经营。

1995 年 9 月，江泽民在党的十四届五中全会上重申：“以公有制经济为主体、多种经济成分共同发展，是我们必须长期坚持的方针”“允许和鼓励个体、私营、外资等非公有制经济发展”“国家对各类企业一视同仁，为各种所有制经济平等参与市场竞争创造良好的环境和条件”。

1997 年，党的十五大提出：“公有制为主体、多种所有制经济共同发展，是我国社会主义初级阶段的一项基本经济制度。”把“多种所有制经济共同发展”，从过去的“方针政策”提高到“基本经济制度”的高度；认为社会主义初级阶段的所有制结构不应该是公有制经济一统天下，而应该是一个多元的大家庭，个体、私营经济和国有、集体经济一样，都是这个家庭的正式成员。所以，“非公有制经济是我国社会主义市场经济的重要组成部分。对个体、私营等非公有制经济要继续鼓励、引导，使之健康发展。这对满足人们多样化的需要，增加就业，促进国民经济的发展有重要作用”。这就确定了非公有制经济已经不是简单的“补充”，而是“重要组成部分”，并发挥着“重要作用”。民营经济属于我国社会主义经济中不可缺少、无法替代、关系全局的经济成分。

2001 年 7 月 1 日，江泽民在庆祝中国共产党成立 80 周年大会上的讲话中，科学地界定了私营企业主的政治地位——中国特色社会主义事业的建设者。他指出：“来自工人、农民、知识分子、军人、干部的党员是党的队伍最基本的组成部分和骨干力量，同时也应该把承认党的纲领和章程、自觉为党的路线和纲领而奋斗、经过长期考验、符合党员条件的社会其他方面的优秀分子吸收到党内来。”这表明，吸收私营企业主等新的社会阶层中的优秀分子入党，为党的中央委员会所肯定。与此同时，不少个体户、私营企业主等新阶层的优秀代表人士，被推荐或当选为各级党代表、人大代表、政协委员以及劳动模范。

民营经济转型升级

程冠军：2002 年以后，思想解放的进程又取得了重大突破。党的十六大明确提出“两个毫不动摇”，把民营经济从社会主义市场经济“重要组成部分”提升到平等享受国民待遇的市场主体。国家连续出台了一系列利好政策，使我国民营经济发展进入了快速发展期。可以说，从 2002 年到 2012 年间的 10 年，是民营经济转型升级的历史时期。请您介绍一下这个阶段民营经济是如何实现转型升级的。

庄聪生：2002 年 11 月，党的十六大提出了“两个毫不动摇”

和“一个统一”。“两个毫不动摇”：“必须毫不动摇地巩固和发展公有制经济”“必须毫不动摇地鼓励、支持和引导非公有制经济发展”。“一个统一”：“坚持公有制为主体，促进非公有制经济发展，统一于社会主义现代化建设的进程中，不能把这两者对立起来。各种所有制经济完全可以在市场竞争中发挥各自优势，相互促进，共同发展。”同时，提出完善保护私人财产的法律制度；提出确立劳动、资本、技术和管理等生产要素按贡献参与分配的原则，完善按劳分配为主体、多种分配方式并存的分配制度；还提出在更大程度上发挥市场在资源配置中的基础性作用，健全统一、开放、竞争、有序的现代市场体系。

党的十六大还特别强调，要在全党努力“形成与社会主义初级阶段基本经济制度相适应的思想观念和创业机制，营造鼓励人们干事业、支持人们干成事业的社会氛围，放手让一切劳动、知识、技术、管理和资本的活力竞相迸发，让一切创造社会财富的源泉充分涌流，以造福于人民”。这从根本上破除了长期以来束缚人们思想的姓“资”姓“社”等问题，民营经济从经济层面和政治层面上都获得了与其贡献相适应的认同，从基本制度层面上为民营经济的发展铺平了道路。

2003 年 10 月，党的十六届三中全会通过的《中共中央关于完善社会主义市场经济体制若干问题的决定》明确指出："放宽市场准入，允许非公有资本进入法律法规未禁入的基础设施、公用事业及其他行业和领域。非公有制企业在投融资、税收、土地使用和对外贸易等方面，与其他企业享受同等待遇。"这也进一步拓展了民营经济的发展空间。

2004年3月，十届全国人大二次会议通过宪法修正案，规定："国家保护个体经济、私营经济等非公有制经济的合法的权利和利益。国家鼓励、支持和引导非公有制经济的发展，并对非公有制经济依法实行监督和管理。"同时规定："公民的合法的私有财产不受侵犯。"私有财产入宪是我国民营经济发展的必然结果，同时，也进一步促进了民营经济的发展。

2005年2月，国务院发布《关于鼓励支持和引导个体私营等非公有制经济发展的若干意见》（即"非公经济36条"），从放宽市场准入、加大财税金融支持、完善社会服务、维护企业和职工合法权益、引导企业提高自身素质、改进政府监管、加强指导和政策协调等7个方面，提出了36条促进民营经济发展的意见，特别强调只要是政府没有禁止的领域，民营资本就可以进入。这是新中国成立以来第一部全面促进民营经济发展的重要的政策性文件，对于推动民营经济跨入历史发展的新阶段，实现更快更好发展，具有重要意义和影响。

2007 年 3 月，十届全国人大五次会议通过的《中华人民共和国物权法》，明确规定了私有财产和公有财产一样受到法律保护，提出："国家实行社会主义市场经济，保障一切市场主体的平等法律地位和发展权利。""国家、集体、私人的物权和其他权利人的物权受法律保护，任何单位和个人不得侵犯。"这对于鼓励人们创造社会财富、明确产权关系、保护权利人的财产权益、维护经济社会秩序，具有重要作用。

2007 年 10 月，党的十七大在坚持"两个毫不动摇"的基础上，提出："坚持平等保护物权，形成各种所有制经济平等竞争、相互促进新格局。""推进公平准入，改善融资条件，破除体制障碍，促进个体、私营经济和中小企业发展。"

2009 年 9 月，国务院发布《关于进一步促进中小企业发展的若干意见》(即"中小企业 29 条")；2010 年 5 月，国务院发布《关于鼓励和引导民间投资健康发展的若干意见》(即"非公经济新 36 条")，都明确提出民营资本可以进入能源、军工、电信、航空等传统垄断行业，进一步拓宽了民营经济的投资空间。此后，各相关部门陆续发布了各领域的 42 项具体实施细则，推动民营经济投资的内容进一步具体化。2012 年 4 月，国务院又发布《关于进一步支持小型微型企业健康发展的意见》，对支持中小微企业提出了一系列扶持政策。

可以说，从党的十六大提出“两个毫不动摇”到国务院一系列“非公经济”文件的出台，党和国家关于促进民营经济发展的方针政策和法律法规体系已基本形成并不断完善。法律上的“平等”保护和经济上的“平等”竞争，赋予了民营经济与国有经济同等的发展机遇，进一步拓宽了民营经济发展的道路，为其提供了更为广阔的发展平台。

民营经济强起来的新时代

程冠军：党的十八大以来，以习近平同志为核心的党中央高度重视民营经济的发展，提出了一系列支持民营经济发展的新理念新思想新战略，标志着民营经济走进强起来的新时代。请您谈谈党的十八大以来民营经济的发展。

庄聪生：可以说，党的十八大以来，民营经济进入了强起来的新时代。关于非公有制经济在我国经济社会发展中的地位和作用，党的十八届三中全会进一步明确提出，公有制经济和非公有制经济都是社会主义市场经济的重要组成部分，都是我国经济社会发展的重要基础。“两个都是”的重要论述，第一次将非公有制经济与公有制经济置于同等重要的地位，表明我们党对民营经济的认识达到了一个新高度。

我国经济发展进入新常态后，民营经济发展面临一系列新的挑战和困难，民营企业家发展预期和信心受到影响。在这一背景下，习近平总书记特别强调，非公有制经济在我国经济社会发展中的地位和作用没有变，党和国家鼓励、支持、引导非公有制经济发展的方针政策没有变，党和国家致力于为非公有制经济发展营造良好环境和提供更多机会的方针政策没有变。习近平总书记强调“三个没有变”，就是希望广大民营企业家坚定信心、把握大势、提升素质、发挥才能，推动企业取得更好更大发展。

为了进一步优化民营经济的发展环境，激发民营经济的发展活力和创造力，党的十八届三中全会明确提出，要坚持权利平等、机会平等、规则平等，废除对非公有制经济各种形式的不合理规定，消除各种隐性壁垒，制定非公有制企业进入特许经营领域具体办法。“三个平等”的提出，体现了党和国家下决心破除垄断，建设统一开放、竞争有序市场体系和公平开放透明市场规则的信心和魄力，为我国民营经济在新常态下更好更快地发展提供了有力保障，对民间投资和振兴实体经济产生了巨大的促进作用。

针对民营经济产权经常遭受各种侵害、民营企业家人身财产安全得不到有效保护的情况，党的十八届三中全会明确提出，公有制经济财产权不可侵犯，非公有制经济财产权同样不可侵犯。国家保护各种所有制经济产权和合法利益，保证各种所有制经济依法平等使用生产要素、公开公平公正参与市场竞争、同等受到法律保护，依法监管各种所有制经济。

2016 年 11 月，中共中央、国务院发布《关于完善产权保护制度依法保护产权的意见》，指出产权制度是社会主义市场经济的基石，保护产权是坚持社会主义基本经济制度的必然要求。意见明确了平等保护、全面保护、依法保护、共同参与、标本兼治五项原则。党中央关于“两个不可侵犯”的提出和加强产权保护文件的出台，使我国坚持和完善产权保护制度进入一个新的发展阶段，为广大民营企业安心、专心、用心谋发展创造了更加有利的制度环境。

近年来，从中央到地方相继出台了一大批促进民营经济发展的相关政策措施，但由于各种原因，这些政策落地效果还不够好，市场准入限制仍然较多，政策执行中“玻璃门”“弹簧门”“旋转门”现象大量存在，一些政府部门为民营企业办事效率仍然不高。

习近平总书记明确提出，各地区各部门要从实际出发，细化、量化政策措施，制定相关配套举措，推动各项政策落地、落细、落实，让民营企业真正从政策中增强获得感。

党的十八大以前，在一些地方、一些行业、一些领域不同程度存在着官商勾结、权钱交易等不健康、不正常的政商关系。党的十八大以后，党中央加大反腐败力度，查处了一批腐败分子和不法商人，官商勾结现象有所收敛。同时，在一些党政干部中又出现了不敢担当、不愿与企业家联系交往的现象。如何处理好政商关系，成为不少党政干部和民营企业家普遍面临的一道难题，也成为社会普遍关注的一个热点问题。2016 年 3 月 4 日，习近平总书记明确提出，要建立“亲”“清”新型政商关系。为了推动经济社会发展，领导干部同非公有制经济人士的交往是经常的、必然的，也是必需的。这种交往应该为君子之交，要亲商、安商、富商，但不能搞成封建官僚和“红顶商人”之间的那种关系，也不能搞成西方国家大财团和政界之间的那种关系，更不能搞成吃吃喝喝、酒肉朋友的那种关系。

2017 年 9 月，中共中央、国务院印发《关于营造企业家健康成长环境弘扬优秀企业家精神更好发挥企业家作用的意见》，提出了一系列重要理论观点、政策举措和制度安排，强调要着力营造依法保护企业家合法权益的法治环境，营造促进企业家公平竞争、诚信经营的市场环境，营造尊重和激励企业家干事创业的社会氛围。从中我体会到党中央对弘扬企业家精神、发挥企业家才能的高度重视。我认为，新时代中国的企业家最重要的是重塑企业家精神，民营企业最关键的是培育“工匠精神”。

企业家精神是创新精神，本质是冒险精神。企业家是社会宝贵的稀缺资源，是市场经济的活力之源，是资本拥有者、资源配置者、创新组织者、财富创造者、责任担当者。目前，社会对弘扬企业家精神、发挥企业家才能的重要性认识不足，对企业家重视程度不够，甚至缺乏尊重和信任。而企业投资者中的少数人，有的理想信念缺失，有的守法诚信意识淡薄，有的官商勾结、利益输送，有的因循守旧、不思进取……由于企业家精神的缺失，这一群体也往往成为社会诟病的对象。要在全社会营造亲商、安商、富商的社会环境，形成尊重企业家、尊重纳税人、尊重创新创业者的良好氛围，激发他们创业、创新、创富的精神。同时，也要加强对他们的引导教育，让企业家做到自我学习、自我教育、自我提升，全面提高综合素质，传承弘扬企业家精神，高质量地发展发挥自己的智慧和才能。

中国的工业化路程走得太匆忙，我们没有给自己留下太多思考和沉淀的时间。我们缺失“工匠精神”，是我国历史文化的深远影响和现代教育共同作用的结果。对于大多数企业来说，做出来的产品能卖得出去才是硬道理，但是对于品牌创造、制作工艺的追求却不高。此外，许多企业忽略了最为重要的原创和技术研发，至于专利和知识产权的积累就更少了，只能在微利的低端工业链条上挣扎。“工匠精神”的弃守使我国制造业缺乏品牌信念，由于根基没有打厚实，因而需要补课。“工匠精神”是未来面临的一个重大课题。

党的十九大为我们描绘了新时代的宏伟蓝图，习近平总书记在民营经济座谈会上的重要讲话让民营企业吃了“定心丸”，为民营经济送来了浩荡东风，这对于民营经济发展是一次难得的历史机遇。广大民营企业家一定要认清形势，坚定信心，抓住机遇，迎难而上，创造出无愧于历史、无愧于时代的新业绩，成为无愧于时代的企业家。

东方风来春又至，民营经济风景这边正好。

下篇

XIA PIAN

强起来

文化引领大国复兴

——对话原文化部部长、著名作家 王蒙

王蒙，人民艺术家，原文化部部长，著名作家、学者，中国作协原副主席，中共第十二届、十三届中央委员，第八届、九届、十届全国政协常委。著有《青春万岁》《活动变人形》《这边风景》《笑的风》等近百部小说，其作品反映了中国人民在前进道路上的坎坷历程。他乐观向上、激情充沛，是当代文坛上创作最为丰硕、始终保持创作活力的作家之一。步入晚年，王蒙专注研究中华传统文化思想，出版了《老子的帮助》《庄子的享受》《庄子的快活》《庄子的奔腾》《老子十八讲》《得民心得天下：王蒙说〈孟子〉》等著作，2017 年出版《王蒙谈文化自信》。2019 年 9 月，新中国成立 70 周年之际，85 岁的王蒙获得“人民艺术家”国家荣誉称号。

建立中国共产党、成立中华人民共和国、推进改革开放和中国特色社会主义事业，是我国近代以来实现中华民族伟大复兴的三大里程碑。在这三大里程碑上，无一不镌刻着博大精深的中华文化。中国共产党成立百年来，新中国成立70余年来，我们不仅走出了一条中国特色社会主义伟大道路，而且形成了社会主义先进文化。也正是社会主义先进文化的引领，我们才越来越接近中华民族伟大复兴。也可以说，文化力是最根本的领导力。

博大精深的中华文化

程冠军：一谈到中华文化，我们常常会使用一个词，叫“博大精深”。您如何理解中华文化的博大精深？

王蒙：关于这个问题，我在国外也常常被问及。中华文化到底博大精深于何处？还真需要我们认认真真地分析分析。

一是博，意即渊博、丰盛、多样、富饶。中国历史悠久、人口众多、地大物博。我们国家是个古国、大国，郁郁乎文哉，上下 5 000 多年，纵横几万里，民族 56 个，人口十几亿。文字有甲骨篆隶、正楷行草，文献有河图洛书，说话有官话加六大南方方言。我们有女娲盘古、浑沌倏忽、三皇五帝、共工蚩尤、秦皇汉武、唐宗宋祖。我们有孔孟老庄、诸子百家、魏晋名士、李白杜甫、苏辛柳永。我们有西周东周、春秋战国，秦砖汉瓦、楚辞汉赋。我们有长江黄河、昆仑峨眉、三山五岳，还有江南胜境、塞北风光、大漠孤烟、东海激浪。我们有燕窝鱼翅、七碟八碗、满汉全席、山珍海味、煎炒烹炸、舌尖中国，还有温补缓泻，丸散膏丹、针灸拔罐、太极少林、刀枪剑戟、五行八卦、青龙白虎、堪舆风水。我们有忠孝节义、诗书礼乐、琴棋书画、焚香沐浴、气功打坐，还有四大奇书、四大名旦、四大须生、文房四宝、诸子百家、三教九流……真是应有尽有。

二是大。在中华传统文化中，格局胸怀、时空体量、包容汲取、伸延发展，无不求大。曰道、曰天、曰朴、曰仁、曰义，中国士人视无所不包的大概念如终极神祇，认为找准了大概念，就一通百通、一顺百顺。诸子百家的演绎功力远胜经验归纳。庄子的鲲鹏，一飞冲天，九万里掀动扶摇羊角。老子的道，一曰大，二曰远，三曰逝，四曰返。孔子的道，朝闻可以夕死。孟子称孔子为“集大成者”，后世则封孔子为“大成至圣先师”。孟子还鼓吹大丈夫："富贵不能淫，贫贱不能移，威武不能屈。"还有"为天地立心，为生民立命，为往圣继绝学，为万世开太平"。直到今天，我们提倡的是大格局、大思路、大气磅礴、识大体、顾全大局。小道理服从大道理，大河没水小河干。"海纳百川，有容乃大""壁立千仞，无欲则刚"等等，关于大的理念比比皆是。

三是精。中华传统文化有两方面的"精"：一方面是为人处世上的精明精当。包括"己所不欲，勿施于人""三人行，必有我师焉""夫唯不争，故天下莫能与之争""知雄守雌、知白守黑、知荣守辱""将欲歙之，必固张之；将欲弱之，必固强之；将欲废之，必固举之；将欲取之，必固与之""过犹不及""恰如其分""留有余地""莫为已甚"；还有民间的"先小人后君子""亲兄弟，明算账""退一步天高地阔""但行好事，莫问前程""吃一堑，长一智"，等等。另一方面的精主要表现在文学、书画（主要是书法）、戏曲、烹调、园林、工艺上。比如，宜兴陶壶、景泰蓝工艺、鼻烟壶内画，还有《核舟记》里描写的"以径寸之木，为宫室、器皿、人物，以至鸟兽、木石……"更不要说大量生产、成为产业的湘绣、苏绣、杭绣等等，都体现了中华文化的"精"。

四是深。中华文化在治国理政方面强调谋略，强调藏而不露。强调"鱼不可脱于渊，国之利器不可以示人"，强调"喜怒不形于色”，不露声色、变幻莫测。中华文化的深刻之处常常在于它的辩证思维，特别是《周易》与老庄的辩证思维：一阴一阳谓之道，有无相生，难易相成，长短相形，高下相倾；无为而无不为；殊途同归，百虑一致；柔弱胜刚强；艰难困苦，玉汝于成；哀兵必胜；无用之用，是为大用……

我们热爱与歌颂中华文化的博大精深，但我们更要注意研究中华文化的此岸性与积极性、精英性，强调中华文化的生命力与调适能力，强调中华文化的经世致用、乐观柔韧、蜕变破茧、生生不已的特色。说到这里不妨再想一想，为什么大家都爱说“博大精深”，讲起博大精深来却有“老虎吃天，无从下口”的为难。博大精深，毕竟是欣赏、赞颂、膜拜的仰视语言。而文化的中心是人，是生活，是一要生存，二要发展，三要幸福，四要质量，五要精神的提升与社会的优化；是现实的求福与免祸，是世道与人心，是品质与能力，更是实用与功效。一种文化博不博、大不大，并不如它能提供更好的生活质量、更好的发展前景、更和谐的人际关系和社会关系重要。一种文化精不精、深不深，也不如它能够提供“富强民主文明和谐，自由平等公正法治，爱国敬业诚信友善”的核心价值观更贴心。文化的意义不在于自身的观感，而在于它以人民为中心的生命力、凝聚力和有效性，以及实现创新性发展与创造性转化的品质与能力。

蓬勃向上的新中国文化

程冠军：新中国成立之初，我们在古老而又灿烂的传统文化基础上，提出了“敢教日月换新天”的社会主义新文化建设的伟大目标。蓬勃向上的新中国文化荡涤了帝国主义、封建主义的污泥浊水。请您谈谈新中国文化。

王蒙：中华文化的古老与丰富，“郁郁乎文哉”的繁荣与气概，是中华民族的骄傲，是我们祖先的立国之本。元明以降，传统文化开始下行，《金瓶梅》《红楼梦》《儒林外史》等都反映了封建文化主流意识形态的疲软与衰弱无能。鸦片战争后，文化危机、文化焦虑、文化悲观主义盛行，中国文化无计可施，进退失据。晚清的惨痛不但导致落后挨打，而且极大地动摇了中华民族的文化自信与文化尊严。那时的中国已经是一台霉锈、瘫痪、散架的基本报废的机器，处处充满着醉生梦死、空虚颓废、悲观绝望等病态。中国革命的发生反映了中国的全面政治危机、社会危机、经济危机与文化危机。

以鲁迅为代表的一代中国知识分子，反思晚清以降文化的狭隘封闭、僵化保守态度，或者是轻浮焦躁、全盘照搬、蹈虚凌空的态度，或者是无所作为、照本宣科、不求上进的态度，认为文化病态是社会危机乃至民族危亡的重要原因。他们追求着、摸索着救治国人的灵魂，用创造性转化与创新性发展的新文化来推动革命、推动发展、推动中华文化的返本开新。

五四运动挽救和激活了古老、宏伟却又举步维艰的中华传统文化，推动了马克思主义的中国化、世界先进文化的中国化，更表现出中华文化自我调整、自我更新的能力。经过暴风骤雨的大革命，中国共产党以马克思主义为指导思想领导人民革命，赋予中华民族和中国文化以希望、以意志、以目标、以追求、以勇气，使中华文化浴火重生，凤凰涅槃。

革命战争年代，在严峻的阶级斗争特别是抗击外敌侵略与夺取政权的武装斗争中，我们的文化生活与文化事业的重心在于鼓励根据地军民同心同德，战胜阶级敌人与民族敌人，动员敌占区人民奋起战斗。而在革命取得胜利，面对亿万民众，面对以经济建设为中心的社会生活的时候，我们的文化既有高昂激越、弘扬斗志、艰苦拼搏的一面，又有祥和淡定、审美愉悦、乐山乐水、斯文济世的一面，更有寻求真善美、丰富心灵、提升智慧、寻求缔造民族文化的辉煌与复兴的一面。

新中国成立，文化自信大幅提升。我们开始追求、建立面貌一新的、向上的、勤劳的、健康的社会生活、精神生活、文化生活，扫荡了污浊、黑暗、寄生。近代民族意识与自来的“中国”意识，以及殖民地半殖民地国家特有的半是屈辱半是抗争的历史记忆，汇聚着井冈山、延安根据地等中国革命的精神和传统，培养了爱国主义、集体主义、社会主义的凝聚力、行动力，弘扬了自力更生、艰苦奋斗、联系群众等优良作风。中华人民共和国的建立，使 960 多万平方千米的土地沸腾起来。我们付出了代价，也终于找到了自救、自强、自我发展的道路，唤起了中华传统文化的政治激情与道德激情，奠定了新中国鼓足干劲搞建设、谋发展、创新路、求飞跃的文化精神和思想基础。

我国这样一个古老的大国，面对着不同的文化思想潮流与文化生态，也面对着所谓的某些文化“乱象”：一是几千年来的传统文化，尤其是道德文化与哲学文化，仍然有着独特的生命力，但也混杂着封建主义糟粕与某些前现代的愚昧。经过急剧变动的 20 世纪，我们的文化传统也受到冲击、遭到质疑，出现了某些断裂。二是百年以来的革命文化，它以马克思列宁主义、毛泽东思想为指导，以艰苦奋斗、英勇献身、联系群众、团结守纪的党风政风民风为标志，以井冈山精神、长征精神、延安精神为代表，至今仍有着强大的示范作用。同时，我们还面临着工作重点转移、长期执政与质疑乃至否定革命的思潮的挑战与考验。三是五四运动以来特别是改革开放以来注重汲取的现代文化，包括对于先进生产力的获得与管理，先进的科学技术与文化教育模式，公共管理与商务管理，市场经济，人权、民主、法治、自由观念，竞争驱动等，其中也混杂着某些唐突空洞的西化理念。我们对于文化生态的细化与多样性、一体性，需要有更深入的了解、更周密的分析、更妥善与更具有针对性的应对与引领。总之，20 世纪中国经历了翻天覆地的大变革。历史悠久、规模巨大、旧邦新命、特色鲜明的中华文化经历了巨大的危机、求索、新生，经过救亡与革命，中华文化日益获得面貌一新的巨大活力与蓬勃创意。

大步向前的改革开放文化

程冠军：“文化大革命”给我国的文化建设带来了巨大的破坏。“文化大革命”结束后，我们党的拨乱反正首先是从思想和文化领域开始的。在改革开放的历史进程中，我们形成了大步向前的改革开放文化。对此，您怎么看？

王蒙：“文化大革命”结束之后的两年间，我们对“文化大革命”进行反思，实现了拨乱反正，促进了改革开放。发端于1978年的改革开放使我们对于社会主义和社会主义文化的认识提高到一个全新的水平。邓小平紧扣中国国情，提出社会主义初级阶段理论。在这个基础上，我们日益认识到，要以实事求是的科学态度，坚持实践是检验真理的唯一标准，坚定不移推进改革开放。

改革开放释放出巨大的文化张力。拨乱反正带来了思潮的涌动，我们的脑筋不断开窍，摸索着包括人文思想的各色“石头”，越过的“流水”是贫穷与落后，走向的目标是社会主义现代化的富强民主文明和谐美丽。中国其时正处在几种不同的文化参照系统的汇合点、交叉点与撞击点上：革命者的宏图、胜利与探索，中国士人的儒道互补道统与操守，中国民间社会的伦理规范，五四运动以来民主与科学的启蒙，现代化与世界接轨的愿望，还有全盘西化的偏颇妄想，对于欧洲文明的某些价值观念的汲取，共产主义的社会理想与普罗革命的价值追求，对于苏联模式的痛切思量，对于资本主义的认识与对于社会主义制度的再认识，对于封建主义与中华传统的辨析以及继承弘扬优秀传统的逐渐提出，对于经济发展了但社会风气远非理想的不满足和对于革命战争时期的军事共产主义与革命理想主义的服膺与怀念……很快摆在了我们的面前。

党的十一届三中全会至今 40 多年，正如邓小平所说，从某种意义上讲这是中国的又一次革命。40 多年来，经济生活春潮澎湃，人民生活水平奇迹般地提高，文化生活与文化事业也获得空前扩容与提升。解放思想，实事求是，团结一致向前看，不仅推动了党的思想路线的发展完善，也推动了文化建设。毛泽东所期待的随着经济建设的高潮而出现文化建设的高潮逐步成为事实。40 多年来，我们的文化生活有了极大的丰富。文化事业的繁荣与发展，亦表现为文化品类、功能、思潮、资源背景的极大多样化。精英文化、大众文化、消费文化、经典文化、外来文化、地域文化、休闲文化、学术学院文化、行业企业俱乐部文化等等，出现了万紫千红、满园春色的繁荣景象。

40 多年来，我们的文化观念与文化精神有了长足开拓，对于优秀传统文化的强调更是大大扩充与深化了我们的精神资源，对于四个现代化的强调与改革开放的实践更是使中华文化的此岸性与积极性能够勇敢地同时也是妥善地与现代性、全球化相对接。古今融通与中外交流达到了空前的规模、热度与深度，精神生活与物质生活水准的提高，人们对文化生活的参与感、获得感与幸福感前所未有，教育与文化事业快速增长，图书馆、剧场、影院、音乐厅、展览馆、纪念馆、俱乐部等设施的建设如雨后春笋，国内外旅游活动人山人海，传媒日益多样化、立体化，网络普及城乡，歌厅、舞厅、棋牌室以及茶馆、酒吧等休闲娱乐场所从无到有到多，文艺作品生产兴旺，文化产业与文化市场一派繁荣。我们的文化真可谓：风景这边独好。

40 多年的经验告诉我们，文化多样化既带来丰富的思想资源，也带来新的课题与挑战。因此，我们要不断推动选择与消化，从而推动文化的融合与历史性创造性实践。40 多年来，文化的理想与实践、古与今、中与洋、革命与建设、传统与现代、斗争精神与和谐观念、物质文明与精神文明、马克思主义与中华传统等文化不断融合，通过结合、优化、创新，使我们不断有所作为、有所建树、有所改善，并不断前进。

改革开放以来，我们强调以人民为中心进行文化建设。文化品类日益丰富多彩，受众参与性大大提升，传播手段日益便捷迅速，促进了消费的增长。与此同时，文化建设也面临新的问题与挑战。如出现一些不触犯法律法规但境界不高、未必有多少思想意义的产品。而这些没有多少文化乃至在解构文化的所谓文化，正财大气粗地排挤着高端文化、精英文化。因此，实现文化领域的生态平衡、培养与彰显文化大师阵容是十分重要的。我们需要更多更好的学者、教授、科学家、哲学家、社会与人文学者、作家、艺术家，当然也需要技艺精湛的大匠能手。这一点，我们可以借鉴外国的经验。我多次参观巴黎的先贤祠，法国自称“文化的超级大国”，靠的是先贤祠呈现出来的文化大师阵容。由此可见，我们的文化振兴、文艺复兴目标，很大程度上取决于我们的文化大师阵容。

我们相信，在改革开放文化新的语境下，中国文化的此岸性与积极性充分显示出再生与更新能力，完全能够与时俱进，跟上现代化、全球化的步伐，同时保持自己文化的特色和魅力。不同文化之间的交流与相互影响能够给各自文化带来新的挑战与机遇，能大大丰富各自的文化，减少误解与敌意，促进各自文明与人类文明的共同发展。任何单一的文化，在发展到被人以为几乎尽善尽美的同时，都会遭遇巨大的危机：僵化，保守化，自足循环形成的陈陈相因与停滞不前，排他性，丧失活力等。这个时候，面对他者文化的撞击与挑战，只要应对有方，就能够推动自身文化的推陈出新。

引领复兴的新时代文化

程冠军：一个时代有一个时代的文化。中国特色社会主义进入新时代，而新时代的社会主义文化应该如何更好地引领中华民族伟大复兴？

王蒙：中国特色社会主义进入新时代，显现了中国特色社会主义文化的鲜明旗帜、广阔视野、丰富内涵、历史积累、立体结构、深厚资源、充分理据、宽阔包容、周到政策；表现了中国的文化事业、文化建设、文化理论的经典性、民族性、人民性、本土性与现代性、全球性；表现了我们在引领与整合、繁荣与发展、守护与弘扬我们的文化资源与创造成果方面，在满足人民日益增长的精神需要方面，在推动“四个自信”、实现中华民族伟大复兴的中国梦方面，进入了新时代与新境界。

中华优秀传统文化的优胜在于它的务实性与此岸性，在于它的机变与发展特色。习近平总书记提出，要对中华优秀传统文化创造性转化、创新性发展。社会主义文化要引领中华民族伟大复兴，必须实现中华优秀传统文化与现代文化的对接，实现中华优秀传统文化与21世纪科学技术新成就的对接，实现中华传统道德理想、文化理想与现代民主、法治、道德、文明追求的对接，尤其是实现中华优秀传统文化的进一步现代化与马克思主义社会主义理论的进一步发展与中国化。

程冠军：社会主义先进文化要引领民族复兴，必须起到导正人心、教化人心、凝聚人心的作用，发挥这个作用就要培育和弘扬社会主义核心价值观。您认为，我们应该如何培育和弘扬社会主义核心价值观？

王蒙：自古以来，中华文化注重以文化人。这是世道人心的优化，是道（导）之以德，齐（规范）之以礼。古代的说法是人格达到完备的圣人教化全体百姓，如苏轼的“匹夫而为百世师，一言而为天下法”，老子的“处无为之事，行不言之教”。我们会越来越认识到，文化事业表现为特定的设施建设与文化专业活动。文化表现为学府、典籍、民俗、作品、生活方式与人类活动的遗存和世界面貌、功能的进化；更体现于人，表现为人民的素质：品德与智慧，学问与教养，觉悟与自律，对审美与生活质量的追求以及对和谐与正义维护。孔子说：“德之不修，学之不讲，闻义不能徙，不善不能改，是吾忧也。”这在今天仍是有的放矢的重要提示。从社会主义核心价值观的概括及文化意义，可以看出传统与现代对接的追求与成果，看出近一二百年中华优秀传统文化的飞跃与奋斗。它既继承了民本、尚和、仁爱、重义的传统，也渊薮于狂飙突进的新文化运动所提倡的“德先生”（民主）、“赛先生”（科学）、启蒙主义、爱国主义、社会主义，并凝结了改革开放的发展理念。社会主义核心价值观24个字的内涵，既是中华复兴、走向世界的愿景，也是古圣先贤全面小康、“惠此中国”的落实。

价值观不是凭空制定的。公道自在人心，价值自在人心。社会主义核心价值观是对于世道人心的喊话。就是说在发展与改革都迅速进行的条件下，需要精神上的稳定与清晰：什么是好，什么是坏，什么是理念，什么是底线，什么要称赞，什么要避之唯恐不及，不能糊里糊涂。也就是说，我们要做好人，树好心，做好事，不能作恶、做贼，不能做违法乱纪、倒行逆施之事。

社会主义核心价值观中的“富强”是鸦片战争以来世世代代中华有识之士梦寐以求的，是近一二百年以来的一座血泪丰碑。民主与法治、文明与和谐是富强的前提与保证，是发挥众多人口的积极性、能动性而又为迅速乃至超速发展减震的关键。文明与和谐同时满足的是我们历经半殖民地半封建的贫穷落后愚昧无知与各种锻炼考验后的精神饥渴。

社会主义核心价值观中“自由、平等、公正、法治”这社会层面价值建设的 8 个字，传承了天下为公与成仁取义的中华文化传统，总结了从旧民主主义革命到新民主主义，到新中国社会主义建设和改革开放的历史经验，反映了中国人民的人心所向和面向现代化、面向世界、面向未来的历久而弥新的价值追求。

总之，培育和弘扬社会主义核心价值观，也对文化事业提出了必然性的要求，崇高的境界则追求着从必然王国进入自由王国。21 世纪中国和平发展理念以及全球化趋势，为中华文化提供了新条件。我们看到，某些文化差异与碰撞带来冲击也带来了机遇。我们对于“双百”“二为”方针的坚守，将有利于文化的繁荣；我们对于文化人才的支持与尊重，将吸引各方人才为我所用。在改革开放进程中，在文化自信基础之上，在实现中华民族伟大复兴的道路上，我们需要更好地进行文化教育与创新、文化争鸣与建树、文化传播与提升。

旧邦维新的文化自信

程冠军：党的十九大报告指出，中国特色社会主义文化，源自于中华民族 5 000 多年文明历史所孕育的中华优秀传统文化，熔铸于党领导人民在革命、建设、改革中创造的革命文化和社会主义先进文化，植根于中国特色社会主义伟大实践。请您谈谈如何坚定文化自信，建设文化强国。

王蒙：党的十九大的这个提法，充分体现了中华优秀传统文化的深厚底蕴、丰富内涵及实践性与理想性、先进性与宽阔性、民族性与世界性、传统性与现代性。经过 40 多年发展，我们打开了眼界，拓宽了精神空间，解除了精神桎梏，坚定了我们的道路自信、理论自信、制度自信、文化自信。

为什么说文化自信是最根本的自信？这是因为文化格局、文化心态、文化人才与文化品质是一个民族、一个社会品质与境遇的标志。从广阔的意义上来说，地球上一切人类活动所积淀的成果，包括科技、经济、国防与政治成就，都是在人的追求、人的需要、人的“三观”、人的道德使命情怀，包括人的初心与抱负、人的主体性与人的知识能力，亦即在人类的或族群的与家国的文化驱动下结出的果实。所以说，文化自信是最根本的自信。

建设文化强国首先要有强的阵容和格局，具体表现在阵容之强、传统之强、高端果实之强、创新成果之强。考虑到文化积淀的长久性、稳定性、学术性、智慧性、技艺性、创造性与精神品质性，要有强的阵容和格局，我们就需要有自己的文化大家。要先有文化大家的引领和带动，再通过实际操作，才能更多地体现与突出我们的文化自信、文化尊严、文化格局、文化阵容。繁荣的概念是一个民主的概念、人民性的概念，也是一个高端的概念、精英性与创造性的概念，是一个需要经受历史的考验与鉴定的概念。因此，文化强国的标志是创新与人才阵容。我们已经越来越强调创新的重要性了。这是一个经济发展与社会前进的历史课题，同时是一个文化课题。发展离不开人民精神品质的优化、精神能力的活跃与发达，只有一个文化上具有充分发展势头的民族，才能有创造、有出息，也才有对于人类的较大贡献。

当前，我们的希望在于利用古老的中华智慧，总结建党建国的经验，珍惜得来不易的多方成果，实现以革命文化为引领、以中华传统文化为重要资源、以现代文化为驱动的文化整合、文化创新，这样才有文化的繁荣发展。我们的忧患在于文化的片面化、分裂化与极端化。例如，现在有人还一味地鼓吹“半部《论语》治天下”，还认为是革命破坏了中华文化。同样，还有那种把社会风气的“恶化”看成改革开放后果的所谓“撕裂”理论，也是有害与破坏性的空谈，甚至把中国的出路寄托于“西化”，否定传统、否定革命，更是廉价的荒唐。我们传承和弘扬中华优秀传统文化，不是照单全收，而是取其精华，去其糟粕，选择优秀。

程冠军：也正是因为社会主义先进文化的引领，我们才迅速走向中华民族伟大复兴。也可以说，文化力是最根本的领导力。您对文化的发展及文化力的培育有何建议？

王蒙：70 多年来，革命、建设、改革创造了新的历史纪元。地球上出现了面貌一新的中华振兴。面对迅速发展的中国社会与中国文化，我们要充分认识文化的相对多样性、丰富性、包容性、长期性、稳定性、宽泛性、可塑性、可延续性、可积淀性。没有民族传统，就只能断根失民、自取灭亡；同样，没有对中国梦和现代化的追求，我们也会被开除球籍。因此当下我们要作出以下选择。

第一，要以马克思主义为引领，坚守中华文化立场，以足够的信心与定力处理，消化各种文化争议与文化挑战，化压力为动力，化难点为生长点，变冲击为激活。既明确文化主旋律的一致性，又欢迎各具特色的多样性与活跃性。坚持为人民服务、为社会主义服务，坚持百花齐放、百家争鸣，坚持创造性转化、创新性发展，不断铸就中华优秀传统文化新辉煌。

第二，善于汲取，善于选择，善于滋养一切有利于发展，有利于稳定，有利于提高我们的文化格局、文化生命力、文化软实力的新观念、新理论、新技术、新手段。如“互联网 +”，如前沿的自然科学与人文科学成果，如一切有利于合作共赢的交流与试验。见贤思齐，见不贤而内自省；十室之邑，必有忠信；三人行，必有我师焉；学如逆水行舟，不进则退 …… 诸如此类，古圣先贤已经培育了我们好学不厌与诲人不倦的伟大精神，我们也提出了建设学习型政党、学习型社会、学习大国。学而时习之，这正是我们的文化不断更新、永葆青春的内生动力。

第三，在当前文化思想活跃、文化生态多样的情况下，加强文化理论的建设，要注重打通与结合。要把马克思主义、中华优秀传统文化与中国特色社会主义现代化结合，把尊重历史、立足国情与全面改革开放结合，把本土化与时代化结合，把重在建设、发展是硬道理与弘扬革命初心、继承革命传统结合，把延续文脉与转化发展“两创”结合，把海纳百川与旗帜鲜明地坚持中国道路结合。

第四，既要通过市场与传媒调动社会办文化、全民兴文化的积极性与资源使用，又要通过政策倾斜特别是加大对文艺家和文艺作品的奖励与扶持，来提升我们的文化事业与文化成果。要立足当代中国现实，结合当今时代条件，发展面向现代化、面向世界、面向未来的，民族的科学的大众的社会主义文化，推动社会主义精神文明和物质文明协调发展。

在当代国内外尤其是国际竞争日益激烈的情况下，文化也自然会与实力挂钩，尤其是与科技、经贸、军事实力密切相关。我们不能不重视文化对物质实力的重要作用，同时，也不能急功近利。要明白文化的力量首先在于精神，在于它提供的是更有质量、更有修养、更高尚也更美好的生活。这样，我们就得重视优化我们的精神品质、精神能力、精神说服力、凝聚力与吸引力。这就需要提升领导者对文化的领导力。文化力也是最高级的领导力。领导者的文化内涵与文化层次，当然是领导力的重要表现。但这里讲领导力文化，不可讲得太烦琐小巧，也不可以仅仅用实用主义态度来讲文化力、领导力。我们必须以更深刻、更长远的眼光思考文化问题，提出文化见解，推敲文化政策。这里主要是讲世界观、人生观、价值观，讲情怀与胸襟，讲远见与决策，讲意志与定力，讲包容与坚毅，讲理想与务实。

百年征程的每一个阶段都镌刻着历史的阔大步伐、历史的伟大创举与历史的丰富经验。慎终追远，薪火相传；艰难困苦，玉汝于成。在创造中国发展奇迹的时候，在充满自信走向伟大复兴的时候，我们还要面对挑战与陷阱，我们必须居安思危，精益求精，善益求善，使我们的文化在新时代迈出新的坚实步伐，向着更加远大的目标前进。

中国经济为什么行

——对话中国国际经济交流中心副理事长 黄奇帆

黄奇帆，中国国际经济交流中心副理事长。曾任上海市委副秘书长、市委研究室主任、市政府副秘书长、市体改委副主任、市经委主任，重庆市政府副市长、常务副市长、市长，全国人民代表大会财政经济委员会副主任委员，党的第十七大、十八大代表，十八届中央委员会委员，第九届、第十届、第十一届全国人大代表。黄奇帆在上海工作时间长达 33 年，为浦东开发作出了重要贡献。之后，他又长时间担任重庆市市长，主管财政、金融、工业领域；在全球金融危机大背景下，其治下的重庆市经济却高速发展，金融平衡稳定。在长期的从政生涯中，黄奇帆主要从事和主管经济工作，展示了出色的经济治理能力，对于中国金融市场、地票制度、房地产市场的分析鞭辟入里，在学界、业界备受推崇。

2020年中国全面建成小康社会。在过去的40余年里，中国经济长时期保持着两位数的增长。1979年中国GDP占全球GDP的1%。2019年中国GDP超过全球GDP的16%，成为世界上经济发展最快的国家。这个成绩是怎么得来的？答案就是改革开放。中国国际经济交流中心副理事长黄奇帆认为，改革开放是中国40余年发展的核心动力，而贯穿这个核心动力的一条主线就是供给侧结构性改革，接下来的供给侧结构性改革将给中国经济带来九大红利。

推进生财型、聚财型和资源优化配置型改革

程冠军：您提出推进供给侧结构性改革要加快推进生财型、聚财型和资源优化配置型改革，是出于一种什么样的考虑？

黄奇帆：2019年12月召开的中央经济工作会议指出，当前我国正处在转变发展方式、优化经济结构、转换增长动力的攻关

期，结构性、体制性、周期性问题相互交织，“三期叠加”影响持续深化，经济下行压力加大。世界经济增长持续放缓，仍处在国际金融危机后的深度调整期，世界大变局加速演变的特征更趋明显，全球动荡源和风险点显著增多。在这样的背景下，统筹好稳增长、促改革、调结构、惠民生、防风险、保稳定，保持经济运行在合理区间，难度很大，需要我们围绕有重大潜在红利的供给侧问题，推动一批生财型、聚财型、资源优化配置型改革，以供给侧结构性改革的新成效激发经济持续增长的新动力，推动我国经济社会高质量发展迈上新台阶。

金融领域对外开放的红利

程冠军：习近平总书记在十九届中共中央政治局第十三次集体学习时强调，要“深化金融供给侧结构性改革”“增强金融服务实体经济能力”。您如何理解金融领域改革和对外开放？金融领域改革和对外开放又会为中国经济带来哪些红利？

黄奇帆：经过 40 多年改革开放，我国工商产业领域引进的外资企业资产几乎等于全部工商产业资产的 30%。外资企业形成的进出口总量占整个中国进出口总量的50%。但是，由于我国在金融领域的开放度不够，目前外资金融机构只占整个中国金融资产的百分之一点几。我们在三个方面的开放度有限：第一，外资不能办某些类别的金融企业，或者不能开展某些新业务，这是市场准入的门槛问题；第二，即使准入了，还有股权比例的限制；第三，即使工商注册登记了，有的营业范围还不能做。由于各类限制过多，一些外资银行的功能跟一个办事处也没有多大区别。

中央高度重视这件事。从2019年4月到现在，国务院金融稳定发展委员会、人民银行、银保监会和证监会相继出台了64条很具体的开放性规则。其中有24条是关于市场准入的，有11条是关于股权比的，有29条是关于经营范围的。准入类方面强调在准入前给予外资同等国民待遇，股权方面可能会逐步让外资控股甚至独资设立境内金融机构，营业范围方面则放开各种各样的业务许可。这64条能到位的话，相信今后几年会有一些非常热闹的外资金融机构进入中国的潮流，有可能一年带进来几十亿、几百亿美元，10年时间就有几千亿美元资本金，会带来上万亿美元的运行资金，这样就增加了金融供给侧的力量。到2030年以后，外资金融机构占中国全部金融资产的比例，从现在的百分之一点几涨到 10% 是完全可能的。特别应当强调的是，外资金融机构的开放不仅会带进更多的金融资本，还会带来金融企业管理的经验、金融产品开放的技术和国际金融市场运作的路径，倒逼中资金融机构在与狼共舞、与虎相伴的竞争中做强做大，更好地发展。

服务贸易领域开放的红利

程冠军：改革与开放从来都是相伴而生，40 余年前的开放带动了中国的改革，同时 40 余年的改革也推动了开放。服务贸易领域的开放是衡量开放度的晴雨表。从供给侧结构性改革的角度看，您认为，我们的服务贸易领域开放还有哪些空间和潜力？

黄奇帆：我国进出口货物贸易从 1979 年的 200 多亿美元增加到 2018 年的 4.62 万亿美元，顺差为 3 518 亿美元，成就斐然。但是我们在服务贸易领域尚未充分发挥潜力，目前一般是一年 7 500 亿美元左右的规模，逆差为 3 000 亿美元。首先，服务贸易每 100 亿营业额，有 70% 左右能形成增加值；货物贸易每 100 亿营业额，只有 25% 左右能形成增加值。我国服务贸易加货物贸易一共约 5 万亿美元，总的顺差只有约 500 亿美元。但是用增加值来算的话，我们还是亏的。全世界 100 多个国家的服务贸易逆差加起来一共约 7 000 亿美元。我们就占了约 40%（3 000 亿美元），逆差过大。其次，我们现在做的 2 000 多亿美元的服务贸易出口，大部分是劳动密集型的，缺少资本密集、技术密集和高附加值密集的品种。最后，中国的货物贸易运行过程中必然伴随的服务贸易业务，如保险、清算结算、物流，大部分被境外企业做了。因为缺少自由贸易的制度安排，这一块一直做不大。

党的十八大以来，党中央、国务院推出自由贸易试验区战略，就是要以自贸试验区推动贸易自由、投资自由、资金流动自由、物流仓储自由、人员就业流动自由、数据流动自由等六个方面的自由。服务贸易有几十个大类，2 000 多个小品种，这些都跟这“六个自由”有关。自贸试验区的一大使命就是要为中国解决服务贸易的瓶颈、短板创造条件，这将给中国的服务贸易带来发展的春天。10 年、15 年以后，相信中国的服务贸易总额可能从现在的 7 500 亿美元翻一番，就是 1.5 万亿美元，翻一番半就是 2 万多亿美元。到那时候，逆差就不是扩大一倍而是缩小一半，也许就是一两千亿美元，折合人民币就是约 1.5 万亿元，这将给中国经济带来万亿元人民币的增加值。中国在进出口贸易上，今后 10 年真正的动力红利、体现高质量高效益要求的内容，就在服务贸易。

农民工在城市落户的红利

程冠军：党的十九届四中全会提出了国家治理体系和治理能力现代化的目标，擘画了社会主义现代化强国的宏伟蓝图。中国现代化的实现过程，也是城市化不断加快的过程。城市化进程中，农民工问题是“瓶颈”，首要问题是户籍问题。您是农民工户籍制度改革的大力倡导者，请您谈谈农民工户籍制度改革。

黄奇帆：20 世纪 80 年代，农村的土地承包制改革释放了农村剩余劳动力，开启了轰轰烈烈的城市化过程。党的十八大以来，中央提出到“十三五”末要实现 2 亿农民工就地落户城区，其中有 1 亿农民工在沿海城市落户，1 亿农民工在内陆城市落户。2019 年 12 月，中共中央办公厅、国务院办公厅印发《关于促进劳动力和人才社会性流动体制机制改革的意见》，提出：“全面取消城区常住人口 300 万以下的城市落户限制，全面放宽城区常住人口 300 万至 500 万的大城市落户条件。完善城区常住人口 500 万以上的超大特大城市积分落户政策，精简积分项目，确保社会保险缴纳年限和居住年限分数占主要比例。”这是一项十分重要的具有战略意义的改革措施，能对经济增长产生新的人口红利。

目前中国还有近 3 亿农民工，由于不能落户城区，这近 3 亿农民工的“工作寿命”减少一半。与我国城市职工一般 60 岁退休不同，农民工一般干到 45 岁左右，随着年龄增大，沿海城市的企业一般就不聘用了。他们本来可以干到 60 岁，现在只到 45 岁，少了 15 年，少了 15 年就等于就业工龄少 1/3。同时，农民工在正常上班的时候，一年 12 个月总有 2 个月回家探亲，这 2 个月相当于一年的 1/6。因此，理论上农民工的“工作寿命”因为是农民工状态而不是城镇户籍状态，大体减少一半。换言之就是 3 亿人减少一半。所以户籍制度改革不仅是改善农民工待遇的问题、人权的问题、对农民关爱的问题，同样也是生产力问题，是人口红利的问题。

因此，从这个角度看，哪个城市把农民工的城市化户籍制度做好，哪个城市就能在未来 10 年、15 年主动发力。哪怕这个城市现在有 1 500 万人，如果里边有 900 万农民工，不做好这件事，让农民工今后10年不能落户，可能10年以后就有500万人被别的地区吸收了。1 500万人口的超级大城市的常住人口可能就变成八九百万，变成第二等级的城市。作为供给侧结构性改革的一个重要任务，党中央已经提出这个问题，我们要着力落实。这是供给侧结构性改革有重大红利的措施，各地应该把它当作重大措施狠狠抓一下。

降低运输成本的红利

程冠军：据了解，我们国家的物流成本是全球最高的，这实际上是一种资源的巨大浪费。如何降低物流成本，把浪费变为红利？

黄奇帆：中国货物运输总量占GDP的比重是15%。美国、欧洲都在7%，日本只有百分之五点几。我国占15%，比其他国家额外多了几万亿元的运输成本。中国交通运输的物流成本高，除了基础设施很大一部分是新建投资、折旧成本较高以外，相当大的部分是管理体制造成的。我们的管理、软件、系统协调性、无缝对接等方面存在很多问题，造成了各种物流成本过高。

举个例子，2018 年我国铁路运营里程已达 13.1 万公里。建这些铁路花掉近 10 万亿元的资金，却只运输了中国全部货物的 6%。其余的 94%，汽车大体上运了 84%～85%，飞机、轮船、管道运输也运一些。为什么会造成这种状况？因为把货物转到火车上很麻烦，大家就把东西装上汽车，上千公里开出去，算一笔账，汽车运输成本是火车的 3 倍。过去几十年各地开发区公共设施“七通一平”中，很少铁路通。事实上，只要一个企业有几十亿元产值，火车就要开到厂里去。现在几百亿元产值的企业货物运输，全靠卡车拉，这些都是不经济的。美国的铁路是 100 多年前建的，而美国现在的货物运输有 20% 是通过铁路，这就是资源优化配置，就是物流成本的集约节约。从这个意义上说，我们浪费很多。建议各个地方、各个行业都把这方面问题梳理一下、衔接一下，就可以起到有效降低成本的作用。哪怕降不到 7% 的 GDP 占比，能够在现有基础上下降 3%～4% 的占比，就省了 3 万亿～4 万亿元。

有效配置城乡土地资源的红利

程冠军：党中央、国务院印发的《关于建立健全城乡融合发展体制机制和政策体系的意见》提出稳慎改革农村宅基地制度，并提出探索宅基地所有权、资格权、使用权“三权分置”，落实宅基地集体所有权，保障宅基地农户资格权和农民房屋财产权，适度放活宅基地和农民房屋使用权。您认为，应如何有效配置城乡土地资源？

黄奇帆：由于城市用地的集约性，一个农民在农村拥有宅基地等建设性用地平均为 250 平方米，在城里的建设性用地平均为 100 平方米。全世界城市化过程中，不管是发达国家还是发展中国家，由于城乡的变迁，人口集聚到城里，农村的宅基地等建设性用地会大幅度减少，就使得农村耕地数量相对增加，所以没有出现耕地短缺的问题。但我们的农民是两头占地，农民到城里来，他在农村的宅基地还是留着的，宏观上城乡资源没有流动、没有配置。这就不仅造成耕地短缺，也导致了住宅用地少，土地供应成本高，整个城市的房价也就会高。

这里有一个城乡建设性用地指标增减挂钩总体平衡的问题。如果 1 亩宅基地产生 20 万元，1 亿户家庭大概有 7 000 多万亩宅基地，如果有一半实现了城乡之间增减挂钩的转换，就是 3 500 万亩。按 1 亩地 20 万元算，就是 7 万亿元，这就是农民的原始资本。在这个过程中，要守住国家法律规定的三条红线：第一，不能把集体所有权变成私有权；第二，守住耕地红线，把宅基地变成耕地，把耕地变成城市建设用地，增减挂钩，形成平衡；第三，维护农民的利益，这个过程使农民因宅基地这个指标转换增加十几万元、20万元的收入。“三个有利”形成有效周转，这也属于供给侧结构性改革。

改革住房公积金制度的红利

程冠军：2019年的《政府工作报告》提出，要明显降低企业社保缴费负担。当前，为了应对新冠肺炎疫情，减轻企业负担，国务院决定阶段性减免企业社保费和实施企业缓缴住房公积金政策。我国的住房公积金制度亟须改革，请您谈谈应如何推进这项改革。

黄奇帆：公积金是社会公共福利系统的阶段性产物，有其特定的历史环境和国家环境。该制度是上海向新加坡学来的。20世纪90年代初，我国房地产还没有市场化，当时上海人住房人均只有7平方米，全部靠政府和企业来造房子不可行。于是上海就学习新加坡住房公积金经验，相当于职工们搞了互助金。这个互助金，个人缴费 6%，单位缴 6%，资金集在一起，为买房的人提供低息贷款。这在当时还没有银行按揭的时候有其积极意义。但自 1995 年起，商业银行开始提供房地产按揭贷款。人们付完首付后，剩下的百分之七八十是商业银行按揭贷款。而当商品房市场循环已经形成的时候，公积金最初的使命已经基本完成。到 2018 年底，中国个人住房贷款余额为 25.75 万亿元，而公积金个人住房贷款余额为 4.98 万亿元，在整个贷款余额中占不到 20%。其为人们购房提供低息贷款的功能完全可以交由商业银行或成立专门的住房银行来解决。

我国企事业单位现行五险一金综合费率达 55%，已是世界之最。其中公积金为 12%（养老保险为 28%，医疗保险为 12%，工伤保险、生育保险等各种小险种加起来约 3%），一年 1 万多亿元，目前已经累计达到 14.6 万亿元的规模。目前的公积金体系运行至少存在以下几个方面的问题：一是覆盖面不广，缺乏公平性。公积金政策从 20 世纪 90 年代开始试水，到现在 20 多年过去了只覆盖了 1/3 的城镇职工。二是按照《住房公积金管理条例》，企业必须按时、足额缴存住房公积金。法律刚性要求对广大尚未执行公积金政策的中小企业形成了隐性的合规成本。三是存在投资收益低、运营高消耗等问题，其本身的存在还挤占了其他更高效率的制度安排，如年金体系的操作空间。这需要我们找到更有效的路径，为个人、企业、国家建立新的替代式的“资金循环”。

建议改革公积金制度，代之以建立新的年金体系。一是将现有已累积起来的 14.6 万亿元的公积金直接转化成企业年金，并拓宽企业年金投资资本市场的机制和通道，确保公民已缴存公积金的收益只增不减。二是对已经发生的公积金贷款，可以按照一定利率优惠政策转化为商业贷款，由商业银行或住房银行按照差别化利率原则继续执行。三是将企业原本为职工缴纳的 6% 公积金转变为企业给职工缴纳的 6% 企业年金，而职工个人的 6% 年金并不强制要求缴纳，职工可以自愿决定是否缴纳。四是加大税收优惠力度，鼓励企业为职工建立企业年金制度，提高普惠性，从而为健全我国养老保障体系提供有力支撑。总之，经过这样的平滑转移，可以实现资源优化配置，把百姓、企业所创造的财富最大限度地加以利用，并让它为个人、企业、国家都创造更大的价值。

健全企业年金制度的红利

程冠军：您在讲座中多次提到，我国应借鉴美国经验，健全推广企业年金制度。企业年金制度对我国的经济发展有何利好？

黄奇帆：一直以来，长期资本短缺、机构投资较少的问题制约着我国资本市场繁荣稳定，其根源在于一些基础性制度缺陷。从国际经验看，资本市场的长期资本应该以保险资金特别是养老保险资金为主。养老保险资金从体系上说有三类：第一类是政府收的养老金，第二类是商业性的养老保险或健康险，第三类就是企业年金。从占 GDP 的比重来看，前面两类中美两国都差不多，在 20% 左右。但企业年金规模 2018 年中国仅有 1.47 万亿元人民币，占 GDP 的比重仅 1.6%；而美国 2018 年的 401（K）补充养老保险计划（类似于中国企业年金）下的资金规模大约有 5.2 万亿美元，占 GDP 的比重约 25%。

一般而言，上述三类资金投资资本市场的比重有所不同。前面两类一般在 10% 左右，最高不超过 30%，也就是说无论是商业保险资金还是政府的养老基金，只能拿出不超过 30% 的资金投资证券市场。而企业年金则不同。比如，美国 5.2 万亿美元年金，将近 2/3 投资于共同基金。目前，在美国股市的 1/3 即 10 万亿美元是这三大保险支撑的，其中企业年金贡献最大。美国的企业年金之所以有这个规模和这种投资方向，得益于美国的 401（K）补充养老保险计划。其核心规定：雇主为雇员缴的年金额在雇员工资的 6% 以内可以进行税前列支，雇员缴费在上限以内的部分可以免税。有了这个杠杆，企业就会很认真、很努力地把本来可能要交税的部分转化为为高管、为职工的补充养老保险的支出，职工也会很积极地参与；有这个杠杆就形成了占 GDP 比重超过 25%、规模达 5.3 万亿的企业年金。

建议学习借鉴美国经验，进一步加大改革力度，健全推广企业年金。可将原来缴存公积金时使用的税收优惠政策沿用到企业年金上，要求企业缴存 6%，个人按自愿原则缴存（但最高也不超过 6%）；企业和个人缴费都享受所得税税前抵扣政策；各个企业的年金可以按自愿原则集合成规模更大的投资基金，委托专业的投资机构投资，条件成熟时可以将投资股票的比例放宽至 1/2 甚至 2/3。这样就可以为资本市场引入源源不断的长期资本。有了这类资金的加入，资本市场就活跃起来了，大型的基金机构投资者也被发动起来。这不仅有利于补充社会养老保险资金，还有利于形成庞大的长期资本供给，为资本市场繁荣稳定奠定基础。

组建国有资本运营公司的红利

程冠军：国有企业改革是供给侧结构性改革的重要一环。国企改革的命题是从管企业、管资产转向管资本。党的十八届三中全会提出国企改革要组建国有资本运营公司。请您谈谈组建国有资本运营公司所产生的红利。

黄奇帆：针对国资国企改革，党的十八届三中全会提出了组建国有资本投资、运营公司，发展混合所有制经济，由管资产转变为管资本的大思路。其中，国有资本运营公司和国有资本投资公司有什么区别？好像投资和运营有区别，但区分又不是那么明显，这导致操作上几乎无从下手。我们理解，资本投资公司和资本运营公司至少有以下两个方面的区别：一方面，大凡资本运营公司，往往有资本无债务，总资产等于总资本；而资本投资公司可以举债融资。另一方面，资本运营公司在投资的时候，对被投资企业而言是财务投资者，只根据被投资企业的效益来投票，依据公司治理的基本原则来行使投资者权益，不负责、不干预具体经营活动，这一点有点类似私募基金；而资本投资公司则要战略性掌握产业链并实质性地控股一些企业。

这方面，新加坡淡马锡控股公司值得我们学习。该公司是新加坡政府的资本运营公司，目前总资产规模有 4 000 多亿新元（约合 2 万亿元人民币）。该公司不仅基本没有负债，其投资风格也是以财务投资为主，不干预被投资企业的运营。10 年来，该公司员工人数始终没有超过 800 人，在全世界 20 个国家和地区有 20 个办事处。4 000 多亿新元中，有 1 000 多亿新元投在美国，1 000 多亿新元投在欧洲，1 000 多亿新元投在以中国为主的亚洲地区。更神奇的是，30 年来，该公司年均资本回报率在 15%左右。

2018 年，我国企业国有资产（中央和地方）资产总额为 210.4 万亿元，负债总额为 135 万亿元，国有资本权益总额为 58.7 万亿元。建议拿出 20 万亿元组建国有资本运营公司，其余交给国有资本投资公司。这 20 万亿元如果授权给三个运营公司，一个公司 6 万亿～7 万亿元，这些运营公司可以像私募基金那样根据被投资企业的效益来决定进退，再与资本市场结合起来，与混合所有制改革结合起来，有进有出，资本就盘活了。这种财务性投资，做到 10% 的回报率相对容易。如果这 20 万亿元的投资每年有 10% 的回报率，每年就多了 2 万亿元，这对发展混合所有制经济也是关键一招。

投融资 PPP 模式改革的红利

程冠军：PPP 是落实党的十八届三中全会全面深化改革、推进国家治理现代化的一项具体举措。2019 年，国家出台了 PPP 相关法律法规和政策，对 PPP 规范健康发展提供了稳定的制度保障。目前，我国的 PPP 市场已初步建立，但是其发展速度、质量和规模还有待进一步提升。您认为，应如何深入推进投融资 PPP 模式改革？在推进中，要注意防范哪些问题？

黄奇帆：PPP（政府和社会资本合作）已经成为中国地方政府在基础设施建设领域融资的主要方式之一。截至 2018 年 12 月 31 日，在库 PPP 项目共有 8 649 个，投资额为 13.1 万亿元，其中 4 860 个 PPP 项目处于执行阶段，项目落地率仅 56.2%。特别是为防范地方融资风险，国家有关部委对 PPP 项目库进行了清理整顿，2018 年后的项目数量大幅减少。如何有效释放 PPP 在促进基础设施建设中的巨大效能，也是“十四五”期间供给侧结构性改革的重要内容之一。

关键是要做到“五种平衡”：第一，凡市场化收费可以平衡投资的，如高速公路项目，就完全放开，由市场主体来做。第二，凡当期收费较低、暂时平衡不了的，像供排水、停车场等项目，就可以通过逐步调价的措施，使项目最终形成投入与产出的大体平衡。第三，凡是由政府提供的公共服务、不能收费的投资项目，要通过政府采购、分期付款的方式，把一次性投资变成长周期的公益服务采购，以时间换空间，形成长周期的投入产出平衡。第四，凡是特别大的投资项目，如地铁项目，没有条件以采购方式推进运作的，政府就应配置土地等相应资源使其平衡。第五，对土地开发整治等收益很高的公共服务项目，政府要限定投资者的收益幅度，不能损害公共利益，否则就是搞利益输送。

推进中，要注意严防“五种问题”：一是防范“形股实债”的 PPP，让政府背上高息债务；二是防范投资方在实际经营中乱收费，加重老百姓的负担；三是在一个地区要统一相关实施标准，防止同类项目标准不同；四是防范灰色交易，PPP 项目往往集土地转让、项目招投标、资产收购兼并于一身，必须按规范程序操作，确保交易公开、行为规范、程序合法；五是防范项目遇自然灾害等不可抗力因素，如果这些因素影响到项目正常运转时，政府应及时施以援手，决不能出了问题撒手不管。有了这些规矩，PPP 项目就能够有效推进，既不让投资者吃亏，也不让政府吃亏，也不加重群众的负担。

以上改革措施，都是供给侧结构性改革的具体体现。其中，深化服务贸易领域开放、降低运输成本、大力推进农民工在城镇落户等属于生财型改革，有利于创造新的财富；加快金融领域对外开放、加快组建国有资本运营公司属于聚财型改革，可为经济注入新的活力；取消住房公积金制度、健全企业年金制度、有效配置城乡土地资源、深化投融资 PPP 模式改革属于资源优化配置型改革，可以显著提高资源配置效率，助推高质量发展。以上九条，并非新发明、新创造，而是来自党的十八届三中全会、党的十九大战略部署的意图和要点。我们可以按照这个思路提供的分析框架和原理开动脑筋，想一些真正能够起到实效的改革举措，共同努力将我国改革开放事业和现代化建设推进到新的发展阶段。

中国特色的法治道路

——对话中共中央党校（国家行政学院）副教育长、中国法学会副会长 卓泽渊

卓泽渊，中共中央党校（国家行政学院）副教育长、中国法学会副会长，教授，博士生导师。先后为中共十六届、十七届中央政治局集体学习主讲法治讲座。系中国“跨世纪百千万人才工程”国家级入选者、全国宣传文化系统首届文化名家暨“四个一批”人才、国家首批哲学社会科学高层次人才特殊支持计划（万人计划）领军人才、第二届中国十大杰出中青年法学家、首届中国法学名家、国务院政府特殊津贴获得者。出版个人学术著作“卓泽渊法论丛书”:《法的价值论》《法治国家论》《法政治学研究》，“卓泽渊法治文论系列”:《法治期待》《法政讲堂》《法之言说》《法眼园窥》，以及《法的价值总论》《法治泛论》《中国的法治之路》等。出版个人写作的高校法学教科书《法学导论》《法理学》，以及多部作为主编、副主编或参编的其他著作。

新中国成立70多年，也是法治道路发展的70多年。从1949年通过《中国人民政治协商会议共同纲领》(简称《共同纲领》)，到“五四宪法”“八二宪法”；从党的十一届三中全会确立了“有法可依，有法必依，执法必严，违法必究”十六字方针，到党的十五大正式提出“依法治国，建设社会主义法治国家”，党的十七大提出“全面落实依法治国基本方略，加快建设社会主义法治国家”，党的十八大提出“科学立法、严格执法、公正司法、全民守法”新十六字方针，党的十八届四中全会作出《中共中央关于全面推进依法治国若干重大问题的决定》，党的十九大报告进一步把“全面依法治国”提升为新时代坚持和发展中国特色社会主义的基本方略之一，新中国的法治建设每前进一步都离不开党的领导。

奠定新中国法治基础

程冠军：1949年新中国成立前期，中国法学会就是人民政协的发起单位之一。当时通过的《共同纲领》起到了临时宪法的作用。新中国的法治建设也由此开启。请您回顾一下新中国成立初期的法治建设。

卓泽渊：我们先谈谈《共同纲领》，这对新中国法治建设具有开创性意义，具体体现在以下几个方面：第一，它起到了临时宪法的作用。《共同纲领》实际上是建立新中国政权的一篇“急就章”。这篇“急就章”集中了各个阶层人民的意志、全社会的整体智慧，体现了中国共产党的革命经验以及党对中国社会现实的认知、对自己执政的期待、对未来的理想等。可以说，这部“临时宪法”原创设计了新中国政治体制构架。建构什么样的制度体系、制定什么样的政策体系等，是设立一个新生政权必须回答的宪法性问题。《共同纲领》对这些问题做了回答。第二，《共同纲领》对中国共产党在当时担负的特定使命，即从民主革命过渡到社会主义革命和建设，发挥了重要的确认和保障作用。第三，《共同纲领》为中国 1954 年宪法的制定创造了制度基础，也留下了充分的时间和空间。因为新中国成立初期，我们来不及召开全国人民代表大会，也来不及制定宪法，有了这样一部《共同纲领》，就可以使我们从容不迫地制定“五四宪法”。

程冠军：有了《共同纲领》，也就有了 1954 年第一届全国人民代表大会通过的“五四宪法”。请您谈谈“五四宪法”的起草背景与重要意义。

卓泽渊：1954 年第一届全国人民代表大会通过宪法时，我们的新政权已经在《共同纲领》指引下运行了一段时间。1952 年底，中央决定召开全国人民代表大会，制定《中华人民共和国宪法》。从 1952 年到 1954 年，经过将近两年的努力，“五四宪法”起草完成。当时我们吸引了大量优秀的法律专家参与，广泛地吸收社会各阶层的意见。作为一部宪法，最根本的是要集中人民智慧，反映人民意愿，体现人民意志。“五四宪法”对我们整个国家法治建设的意义不容低估。一方面，它是新中国第一部宪法，具有标志性意义；另一方面，它的内容比《共同纲领》更加完备。因为它涉及我国整个政权架构的方方面面，对我国的政治制度、经济制度、社会制度的创立都发挥了奠基作用。另外，我们还要看到，“五四宪法”对新中国的法治建设影响巨大。它为人民共和国国家治理体制的建构提供了宪法根据，予以宪法确认和保障。这一宪法实施了长达 20 多年的时间，直至 1975 年修改宪法，才被“七五宪法”取代。其后，我国宪法于 1978 年还经历了一次修改。

党的十一届三中全会之后，为了适应改革开放的需要，1982 年我们再一次启动宪法的修改工作。鉴于“七五宪法”是在“文化大革命”期间制定的，“七八宪法”修订时我们还没有来得及从

“文化大革命”的阴影中走出来，没有完全摆脱“文化大革命”的烙印。因此，“八二宪法”作为第四部宪法，不是以1975年宪法或者1978年宪法为基础修订的，而是以1954年“五四宪法”为基础修订的。这既充分体现党的政治智慧，也恰恰说明“五四宪法”的深远影响力，对于现在乃至今后都将产生重要影响。

程冠军：“文化大革命”期间中国的法治建设遭到巨大破坏，这也是“七五宪法”和“七八宪法”存在缺陷的重要原因。请您谈谈“文化大革命”期间法治建设的历史教训以及“八二宪法”的作用。

卓泽渊：“文化大革命”对中国的法治建设影响很大，主要体现在三个方面：第一，它使新生而又稚嫩的社会主义法治遭到了严重破坏。从1949年到1956年，我国法治建设基础还不牢固，就遭遇反右斗争扩大化。从此，中国法治建设就进入了冷冻期。1956年到1966年10年间我国没有一部法律产生。1966年到1976年10年“文化大革命”更是对中国社会主义法治的严重摧残。其间只修改了一部宪法，即“七五宪法”。此外，没有制定其他任何法律。第二，使社会主义法治中止了发展进程，停滞了10年。从法治建设或发展的意义上讲，这10年是空白的10年，甚至是倒退的10年。第三，为中国的法治建设留下了灾难性的法律后果与社会恶果，制造了大量冤假错案。“文化大革命”结束以后，集中平反冤假错案。

从1954年到1975年，这21年间“五四宪法”发挥了不可替代的重要作用。在起草“八二宪法”的时候，“五四宪法”又成为重要基础。“八二宪法”由五届全国人大第五次会议于1982年12月4日正式通过并颁布。这也是其后至2014年之前每年的12月4日被确定为法制宣传日、2014年及以后每年的12月4日被确定为国家宪法日的重要原因。“八二宪法”颁布以来，历经1988年、1993年、1999年、2004年、2018年五次修订，相应地通过五个修正案。它在我国社会主义建设与改革开放中发挥了并正在发挥极为重要的作用。

开启法治建设新征程

程冠军：1978年12月13日，邓小平在中共中央工作会议闭幕会上作题为《解放思想，实事求是，团结一致向前看》的报告，提出“为了保障人民民主，必须加强法制”，强调“有法可依，有法必依，执法必严，违法必究”，从此开启了社会主义法治建设的新征程。请您谈谈改革开放以来的法治建设。

卓泽渊：党的十一届三中全会对于我们党是一个历史转折的标志，对于中国法治发展也是一个历史转折的标志。党的十一届三中全会彻底结束了“文化大革命”，开始大规模平反冤假错案，恢复了党的实事求是的思想路线。通过平反冤假错案来修正中国法律发展的方向，既是政治上的拨乱反正，也是法治上的拨乱反正。它是新中国成立以来我们党历史上具有深远意义的伟大转折，也是中国社会主义法制得以恢复并重新启程的里程碑。

党的十一届三中全会提出发扬社会主义民主、健全社会主义法制，我们今天也正在沿着这条路向前走。它确立的“有法可依，有法必依，执法必严，违法必究”十六字方针一直延续到了党的十八大，升格为“科学立法、严格执法、公正司法、全民守法”新十六字方针。在 1978 —2012 年 30 多年的岁月中，传统的十六字方针发挥了重大指导作用，中国法治建设取得了重大成就。在立法上，2011 年 3 月全国人大常委会宣布，中国特色社会主义法律体系已经形成。在执法上，我们提出了依法行政、建设法治政府的目标。在司法上，以公平正义为目标，不断深化司法体制改革。在守法上，开展广泛的普法宣传活动，全社会的法治意识得到相当大的提升，依法办事的自觉性得到普遍增强。

程冠军：在改革开放的进程中，法治建设并不是一帆风顺的。请您谈谈中国在由计划经济时代向市场经济时代转轨的进程中法治建设的曲折历程。

卓泽渊：党的十一届三中全会之前，我国经济总体上都是计划经济。党的十一届三中全会以后，我们先是提出有计划的社会主义商品经济，然后过渡到社会主义商品经济，再过渡到社会主义市场经济。中国经济发展推动了中国法治发展。在这个过程中，法治建设是随着我们对经济体制认识的深化而不断跟进的。1993年，我们用宪法修正案确定了社会主义市场经济，这是经济体制上的一个巨大变革，也是法治上的一个巨大进步。改革开放推进法治建设，法治建设同时也保障改革开放，既把改革的成果用法律确定下来，又为改革开辟新的道路。

其后，为了加入世界贸易组织，我们变革了一系列法律制度。加入世界贸易组织之后，我们更深入地参与国际经济大循环，融入经济全球化的大潮，使中国发展成为一个对外贸易大国。一路走来，法治建设功不可没。我们先后出台了中外合资企业、中外合作企业、外商独资企业方面的法律制度以及鼓励对外贸易的法律制度等。同时，行政法治建设也取得了重要成就。1989 年颁布了一部非常重要的法律——《中华人民共和国行政诉讼法》。其重大意义在于建立了一种新的诉讼制度，即行政诉讼制度。在刑事诉讼、民事诉讼之外缔造了中国的第三种诉讼——行政诉讼。行政诉讼建立的是“民告官”制度，公民、法人、社会组织可以控告政府，这在中国历史上是完全不敢想象的。行政诉讼开辟了中国的“民告官”制度，是中国法治发展的重要节点。行政诉讼的产生是中国民主发展和法治发展的一座意义不小的里程碑。它一方面反映了人民群众法律意识的觉醒，另一方面更反映了中国共产党、国家立法机关和政府法治意识的增强，以及依法办事能力的逐步增强。

总之，中国的法治建设伴随着中国的改革开放一路走来。可以说，没有改革开放就没有法治建设。但是如果没有法治建设的快速发展，缺乏有效的法治化措施，中国改革开放也得不到法律的有力保障，其发展也会遇到更多的障碍。

确立依法治国基本方略

程冠军：党的十五大是中国法治进程的一个重要节点。1997年9月召开的党的十五大确立了“依法治国，建设社会主义法治国家”的基本方略。请您谈谈依法治国基本方略的确立。

卓泽渊：党的十五大第一次明确提出依法治国基本方略，即“依法治国，建设社会主义法治国家”，正式确立建设社会主义法治国家的目标。1999 年，我们通过宪法修正案把“依法治国，建设社会主义法治国家”写进了宪法。这是我们党适应经济社会发展的时代要求作出的重大抉择，也是加速中国法治建设进程的重大事件。

谈到这里，我们必须关注的是 2001 年 11 月中国加入世界贸易组织。在法治意义上，完全可以将世界贸易组织解读为世界贸易组织规则体系。世界贸易组织是一个国际组织，更是一套规则体系。加入世界贸易组织，就意味着要遵守这一套规则体系，这套规则体系就是国际贸易的法律制度。为了加入世界贸易组织，我们开展了大量的立法工作，先后清理和修改了 18 万份规范性法律文件。这是新中国成立以来最大规模的一次立法和法律修改活动。可见，我们为了融入世界，在法律上作出了怎样艰辛的努力。如今，中国已成为世界第一大贸易国，在国际贸易中取得重大成就，与中国在法治建设上的努力是分不开的。

在中国法治建设进程中，还要谈谈和谐社会与法治建设的关系。党的十六届六中全会通过了《中共中央关于构建社会主义和谐社会若干重大问题的决定》。在这里，我们要深刻认识一个重要思想：和谐社会就是法治社会，法治社会的目标就是要构建和谐社会。党的十七大报告将科学发展与法治建设紧密地联系起来。深入贯彻落实科学发展观，要求我们必须加快社会主义法治国家建设。法治成为坚持科学发展观的内在要求。从和谐社会理念到科学发展观，再到党的十八届五中全会提出“创新、协调、绿色、开放、共享”的新发展理念，这些都要社会主义法治建设予以有力保障。建设和谐社会至今依然是我们的目标，今天，我们不仅要构建和谐社会，还要推动建设和谐世界。党的十八大以来，习近平主席以“和平”“和合”“和谐”的价值观为核心，以“和平发展、和谐相处、合作共赢”的理念为国际交往准则，提出“构建人类命运共同体”“建设一个包容和谐的世界”，把和谐社会发展为和谐世界。和谐社会和法治社会连接起来，既为和谐社会建设提供了法治保障，也为法治建设开辟了新的道路。

迎来法治中国新时代

程冠军：党的十八大以来，我们迎来法治中国新时代。特别是党的十八届四中全会提出全面推进依法治国总目标：建设中国特色社会主义法治体系，建设社会主义法治国家，为法治中国提供了更强有力的政治保障。您怎么看这个新时代？

卓泽渊：党的十八大是新时代的起点，是全面依法治国的起点，是法治中国建设的新起点。党的十八大对于中国法治的最大意义就是提出了“全面推进依法治国”。党的十八届四中全会是党中央根据党的十八大精神，专门召开的一次集中研究法治问题的全会。这无论是在中国共产党的历史上，还是在新中国的历史上都是第一次。这是党中央对依法治国的一次全面设计和顶层设计，或者说是顶层的全面设计。这次全会提出的法治改革任务近200项。所以说，党的十八届四中全会通过的《关于全面推进依法治国若干重大问题的决定》是目前乃至将来一个很长历史时期，我国法治建设都需要遵循的纲领性文件。

程冠军：习近平总书记强调，要发挥依法治国和依规治党的互补性作用，确保党既依据宪法法律治国理政，又依据党内法规管党治党、从严治党。这种新形势，对党员领导干部提出了怎样的要求？

卓泽渊：党员领导干部首先要遵从法治，要以崇敬之心对待法律。要敬畏法律、敬畏法治。其次要学习法律，只有通过学习才能真正地掌握法律，才能树立法治意识，才能具有法治思维。

最后是要切切实实地遵守法律、服从法律、执行法律。守法就是要服从法律，遵从法律的制度安排，依法享受权利、履行义务。对领导干部来说，凡是法律要求做的，依法为之；凡是法律禁止做的，决不为之。

程冠军：党的十八届四中全会首次提出良法善治。善治是公共利益最大化的实现过程，善治就是好的治理。我们知道，中国古代老子的《道德经》就提出了善治。您怎么看善治？

卓泽渊：善治是人类国家治理和社会治理的理想状态。善就是好、完美、极致，善就是最好的状态。追求善治是人类的政治理想，也是国家治理和社会治理的目标。良法首先是从价值观上对法律作出的要求和评价，良法是指价值观上公平正义的法律，当然也包括它的技术要求。良法既是公正的，也是完善的。良法必须形式完备，如规范明晰、彼此衔接、无所疏漏、相互协调、有机统一等。一个国家有良好的法律，才能追求善治的目标，也才能实现善治。良法和善治的结合，是国家治理和社会治理的重要目标。

良法、善治是人类的美好理想。实现良法、善治需要很多条件，因而任重道远。党的十八届四中全会指出：“法律是治国之重器，良法是善治之前提。”没有良法绝无善治，但是有了良法还未必一定有善治。良法是善治的基础，制定并实施良法是达成善治的路径，善治是良法追寻的目标。从良法走向善治，还需要付出艰辛的努力。

程冠军：过去，我们主要强调的是“法制”。党的十八大以来，我们更多强调的是“法治”。如何看“法制”和“法治”之间的关系？

卓泽渊：法制首先是指法律制度，其次也是指法的结构体系。因此，“法制”的“制”可以理解为法律制度，也可以理解为法律的框架结构。“法制”是永远需要的。“制”是“治”的前提条件和构成部分。“法治”侧重于强调对公权力的约束，依法治国关键在依法治权，落实在依法治官，因为官是掌握着权力的。“法治”强调的是法的统治，强调宪法和法律至上。法治的核心是法律至上、约束公权力。法治是保护权利、约束权力的。要保护权利这个“利”，要约束权力这个“力”。其中要特别强调保护私权利，保护公民权利。

以彻底的革命精神推进全面依法治国

程冠军：党的十九大对依法治国作出了新部署，全面依法治国是国家治理的一场深刻革命。当前我们应如何深入领会贯彻党的十九大精神，走好中国特色法治道路？如何学深悟透习近平新时代中国特色社会主义思想中的法治论述？

卓泽渊：党的十九大提出的“八个明确”中，要求必须“明确全面推进依法治国总目标是建设中国特色社会主义法治体系、建设社会主义法治国家”。这是对全面依法治国总目标的丰富和发展，也是对其作出的最新概括。当前我们要通过贯彻党的十九大精神，使依法治国在整个国家和社会生活中的地位、作用得到进一步凸显。“建设社会主义法治国家”是1997年党的十五大政治报告提出来的。2014年，党的十八届四中全会通过的《中共中央关于全面推进依法治国若干重大问题的决定》中，提出“建设中国特色社会主义法治体系”的目标。党的十九大将其与此前的“建设社会主义法治国家”组合形成了最新的全面推进依法治国的总目标：建设中国特色社会主义法治体系，建设社会主义法治国家，从而使这一总目标更加完善。

在“十四个坚持”中，特别强调“坚持党的领导、人民当家作主、依法治国有机统一是社会主义政治发展的必然要求”。党的领导、人民当家作主、依法治国之间的关系问题，是我们遇到的重大难题、重大课题，也是我们取得成功的基本经验。对三者关系的探索与认识，使中国特色社会主义法治理论得到了新的发展。党的十九大报告指出：“全面依法治国是中国特色社会主义的本质要求和重要保障。必须把党的领导贯彻落实到依法治国全过程和各方面，坚定不移走中国特色社会主义法治道路，完善以宪法为核心的中国特色社会主义法律体系，建设中国特色社会主义法治体系，建设社会主义法治国家，发展中国特色社会主义法治理论，坚持依法治国、依法执政、依法行政共同推进，坚持法治国家、法治政府、法治社会一体建设，坚持依法治国和以德治国相结合，依法治国和依规治党有机统一，深化司法体制改革，提高全民族法治素养和道德素质。”这一论述体现了全面依法治国的重要性质和重大作用；强调了中国特色社会主义法治道路、法律体系、法治体系、法治理论和社会主义法治国家对党的领导的重要意义；对依法治国、依法执政、依法行政共同推进，法治国家、法治政府、法治社会一体建设提出了总体要求。

党的十九大以来，中央设立全面依法治国委员会，全面谋划法治中国建设，对依法治国、法治中国建设进行了更多的顶层设计，中国的法治建设得到了新的提升。我相信，党对法治社会建设、法治中国建设还会有更多的谋划，目标就是要确保到 2035 年基本建成法治国家、法治政府、法治社会，确保我国在 2050 年建成社会主义现代化强国的时候，法治国家、法治政府、法治社会能够一体建成。

70 多年我国社会主义道路曲曲折折、起起伏伏，社会主义法治发展也与之相应，同步进退。党的十九大以来，中国法治赢得了新的发展机遇，未来的发展道路将更加宽广，前景将更加美好。全面依法治国是国家治理的一场深刻革命，我们要以彻底的革命精神推进全面依法治国。

新时代中国共产党领导力是怎样炼成的

——对话中国领导科学研究会会长 冯秋婷

冯秋婷，中国领导科学研究会会长，中共中央党校教授、博士生导师。先后担任中共中央党校研究室主任、中共中央党校副秘书长等职，2018 年 1 月任中国领导科学研究会会长。先后出版《领导有方：成功领导方略研究》《中国共产党执政方式探析》《党的建设与党的领导》《党的领导概论》《领导学概论》《西方领导理论研究》等多部学术著作。长期从事党建和领导科学理论的研究与教学，多次参与重要讲话和重要文献的起草、重要条例的修订。对习近平新时代中国特色社会主义思想、中国共产党领导力等有深入研究。

中国共产党百年征程，锻造并呈现了强大领导力，完成了改天换地的历史巨变，谱写了革命、建设、改革的壮丽史诗。中国特色社会主义进入新时代，中国共产党领导人民进行伟大社会革命，涵盖领域的广泛性、触及利益格局调整的深刻性、涉及矛盾和问题的尖锐性、突破体制机制障碍的艰巨性、进行伟大斗争形势的复杂性，都是前所未有的。总结中国共产党百年征程的历史经验，两个问题摆在我们的面前：新时代中国共产党的领导力是如何炼成的？如何进一步锻造和增强中国共产党的新时代领导力？

以自信奠基党的领导力

程冠军：中国共产党之所以能够成功地领导中国的革命、建设、改革，改变了中国人民和中华民族的命运，开辟了中国特色社会主义伟大道路，关键在于这个党有无坚不摧、无往而不胜的领导力量。尤其是进入新时代以来，我们解决了许多长期想解决而没有解决的难题，办成了许多过去想办而没有办成的大事，更是彰显了中国共产党的强大领导力。您认为，构成新时代中国共产党领导力的基础是什么？

冯秋婷：锻造新时代中国共产党强大领导力，基础和前提是增强党的领导的自信，这是改革开放以来特别是进入新时代以来一切成功实践的深层原因和根本经验。

早在 1979 年 3 月 30 日，邓小平就在党的理论工作务虚会上做了题为《坚持四项基本原则》的重要讲话，并明确指出，坚持四项基本原则的核心是坚持共产党的领导。此后，每到关键时刻，他都对此加以重申和强调。在对待党的领导问题上，邓小平的一贯立场是：既坚持又改善，而改善党的领导，“不是要削弱党的领导，涣散党的纪律”，恰恰“是为了坚持和加强党的领导，坚持和加强党的纪律”。以江泽民同志为主要代表的中国共产党人和以胡锦涛同志为主要代表的中国共产党人坚持了邓小平这一思想。这一思想具有十分重要的历史意义，不仅对澄清不时出现的思想混乱起到非常重要的作用，而且为成功走出一条中国特色社会主义道路、不断推进中国特色社会主义事业提供了根本保证。毫无疑问，这源于对党的领导的高度自信。针对一些人对我们党的领导的非议以及极少数人的“公然反对”，邓小平曾斩钉截铁地说，历史已经证明：没有共产党就没有新中国，没有共产党的领导就没有现代中国的一切。他提出，在当代中国，如果离开共产党的领导，谁来组织社会主义的经济、政治、军事和文化？谁来组织中国的四个现代化？他同时指出，共产党对于人民群众的伟大领导作用是不容怀疑的。1991 年，江泽民强调：“那种在我国实行西方多党制的主张，实质上是要取消中国共产党的领导和执政地位。如果那样，人民的政权就要丧失，社会主义制度就要被颠覆，国家就要分裂，人民就要遭殃。”

由于种种原因，改革开放以来，对党的领导缺乏自信的问题总是时不时有所表现。尤其是前些年，在一些地方和党员干部中，对于党的领导，存在不想讲、不愿讲、不敢讲、羞于讲的状况，党组织不同程度出现作用弱化、地位虚化、功能空化等问题，有的甚至达到比较严重的程度，由此引发一系列负面效应，削弱了党总揽全局、协调各方的领导核心作用，降低了党的领导力。党的十八大以来，以习近平同志为核心的党中央，有力、有效地纠正党的领导弱化的问题，把对人民的责任、对党的责任落实到使党始终成为坚强的领导核心上，旗帜鲜明地强调，党政军民学、东西南北中，党是领导一切的。采取一系列举措，全面加强党对各方面工作的领导，从而使党的凝聚力、战斗力和领导力、号召力大大增强，为党和国家各项事业发展提供了坚强的政治保证，解决了许多长期想解决而没有解决的难题，办成了许多过去想办而没有办成的大事，党和国家事业发生历史性变革。毫无疑问，这也是源于习近平总书记对党的领导的高度自信。

坚定“四个自信”是习近平总书记的一个重要思想和要求。习近平总书记指出，当今世界，要说哪个政党、哪个国家、哪个民族能够自信的话，那中国共产党、中华人民共和国、中华民族是最有理由自信的。简而言之，历史进步的事实给了中国人“四个自信”的底气。5 000 多年中华民族发展的历史，100 年中国共产党发展的历史，70 多年中华人民共和国发展的历史，我们获得的进步和卓越成就有目共睹。今天的中国，不仅站起来了，富起来了，而且正在强起来。所有这些变化，是在排除障碍、干扰、困难以及危难的情况下坚持“四个自信”获得的。如果没有“四个自信”，中国走不到今天。而所有这些自信，归结起来就是对党的领导的自信。2016 年 7 月 1 日，在庆祝中国共产党成立 95 周年大会上，习近平总书记指出：“坚持和完善党的领导，是党和国家的根本所在、命脉所在，是全国各族人民的利益所在、幸福所在。”

正是因为有了党的领导自信基础上的“四个自信”，在事关党和国家命运的重大关头，我们经受住了一次次考验，每次都坚持了原则，稳住了阵脚，战胜了来自国际国内的攻击和挑战，廓清了一次又一次来自党内外错误思潮的迷雾，应对了意识形态领域的各种复杂斗争，取得了一个个伟大胜利。

事实充分说明，自信心缺失是领导力缺失之源，增强党的领导的自信，是锻造和提升新时代中国共产党领导力之基。在未来的征途上，由发展不确定性所带来的种种复杂性和风险性，会比我们估计的更大，会给我们既定战略的实施增加诸多障碍和暗礁。从外部环境看，国外各种敌对势力对中国道路的质疑和否定不会停止，各式各样的“中国崩溃论”不会中断。习近平总书记指出，我们中国共产党人能不能打仗，新中国的成立已经说明了；我们中国共产党人能不能搞建设搞发展，改革开放的推进也已经说明了；但是，能不能在日益复杂的国际国内环境下坚持住党的领导、坚持和发展中国特色社会主义，这个还需要我们一代一代共产党人继续作出回答。只有坚定对党的领导的自信，才能在未来的征途上坚持住党的领导，获得锻造中国共产党强大领导力的内在动力，战胜各种挑战和考验。

以自觉强化党的领导力

程冠军：“万山磅礴必有主峰，龙衮九章但挚一领。”在中国特色社会主义发展的新时代，在全球化趋势下，在960多万平方千米的广袤土地上，领导一个有14亿人口的大国，领导一个有9 000多万名党员和460多万个党组织的大党，中国共产党应该锻造什么样的领导力，如何准确理解和把握新时代中国共产党领导力的内在要求和基本特征？

冯秋婷：这个问题提得好！这也是锻造新时代中国共产党领导力的核心和关键。我认为，在这方面必须有高度的自觉，要着重理解和把握好五个方面的统一。

第一，党的领导与人民衷心拥护的统一。增强和实现党的领导力说到底是个正确处理党群关系的问题，是党与人民群众呼应传递、双向激励的政治过程。党要切实感受人民的心愿和呼声，才能形成正确的领导；人民要真心实意接受党的路线方针政策和各项部署，才能产生事实上的领导力。中国共产党能由一个拥有50多名党员的组织，在极其艰难困苦的条件下发展壮大，完成几乎不可能完成的革命任务；在极其困难的条件下建立新中国，实现了革命、建设和改革的伟大历史飞跃，创造了举世瞩目的发展奇迹，根本原因就是实现了党与人民群众的呼应传递、双向激励，得到了最广大人民群众的衷心拥护、支持。党的十九大提出了新时代中国特色社会主义发展方略，第一条是“坚持党对一切工作的领导”，第二条是“坚持以人民为中心”。之所以将这两条摆在如此重要的位置，在于这两条有着密不可分的关系。从一定意义上讲，把握坚持党的领导与坚持以人民为中心的内在一致性，就从根本上把握住了新时代中国特色社会主义的性质定位，把握住了新时代中国共产党领导力的本质要求和特点。坚持党的领导与坚持以人民为中心的内在一致性是中国共产党“全心全意为人民服务”一贯宗旨的内在要求。在这一宗旨中，全心全意为人民服务的主体是党，党全心全意服务的对象是人民，党的领导与以人民为中心是珠联璧合的。在这个意义上说，坚持全心全意为人民服务的宗旨，党就能够得到人民的拥护和支持，就有了执政兴邦的牢固根基，就有了事业发展的不竭动力；人民就能够得到党的正确指导和引导，就有了明确的发展方向，就有了当家作主的根本保证。在中国特色社会主义新时代，虽然前进道路上还会有许多风霜雨雪，甚至是激流险滩，但是只要我们始终坚持党的领导和坚持以人民为中心，紧紧依靠人民群众，不断从人民中汲取力量，党心民心协同一致，党内党外和衷共济，就能够无坚而不摧，无往而不胜，夺取新时代中国特色社会主义伟大胜利。

第二，政治领导与全面领导的统一。中国共产党作为政治组织，政治性是其标志性特征。同时，中国共产党又不是一个普通的政治组织。习近平总书记在党的十九大报告中首次提出“党是最高政治领导力量”的全新论断，表明在当今中国，没有高于中国共产党的政治力量或其他什么力量，也没有一种政治势力或政党组织能同中国共产党这个不可战胜的强大力量相提并论，旗帜鲜明地宣示了只有我们党才能扛起带领人民实现中华民族伟大复兴的历史使命。作为最高政治领导力量，其领导力主要体现为解决根本问题、方向问题、重大问题、原则问题的政治领导力。失去政治领导力，中国共产党领导力就失去了应有的价值和意义。抓好了政治领导力，就能够达到纲举目张、以简驭繁的效果。从中国共产党党建的实践看，能否把政治建设放在首位和注重增强党的政治领导力关系党的兴衰成败。实践也告诉我们，党的政治领导力不是抽象的而是具体的，不是片面的而是全面的。首先，增强党的政治领导力与坚持和加强党的全面领导是高度一致、辩证统一的。必须充分发挥党总揽全局、协调各方的作用，集中精力把好方向、抓好大事、出好思路、管好干部，并将其切实贯彻到治国理政全部活动之中，体现到经济建设、政治建设、文化建设、社会建设和生态文明建设各领域各方面，贯穿于各项工作全过程，真正把党的政治领导全面落实好。无论哪个领域、哪个方面、哪个环节党的领导弱化了，都会出现“短板效应”，影响党的政治领导力的实现，影响党和人民事业健康发展。其次，增强党的政治领导力与增强党的思想引领力、群众组织力、社会号召力等也是高度一致、辩证统一的。前者是统领，是灵魂，后者为党的政治领导力的提升提供支持和实现路径，缺一不可。

第三，个体领导力与组织领导力的统一。中国共产党的领导力离不开个体领导力。党的领袖、领导干部、党员，是构成中国共产党领导力的基本细胞。伟大的事业需要伟大的领袖发挥重要作用。遵义会议确立了毛泽东在红军和党中央的领导地位，我们党开始形成坚强的领导核心，有了成熟的领导集体。在其后几十年里，我们党在坚强有力的党中央领导下，取得了举世瞩目的伟大成就。邓小平是党的许多重大历史事件的亲历者，他晚年以极大的精力和心血关注并致力于中国共产党的领导核心建设，并将这些作为他的政治交代。他特别深刻地指出，任何一个领导集体都要有一个核心，没有核心的领导是靠不住的。在新时代，我们这个党，一刻也离不开领导核心凝心聚力，一刻也不能没有党的领袖把舵领航，历史和时代把领袖的重任放到习近平总书记肩上。

有了习近平总书记这位全党拥护、人民爱戴、当之无愧的党的领袖，全党全军全国各族人民在新的历史征程上就有了“主心骨”和领路人。伟大的事业也需要党员和领导干部发挥重要作用。在现实生活中，人民群众很多时候是从身边的党员尤其是领导干部在日常工作、生活中的表现来认识党和评价党的。如果党员质量不高、干部素质不好，势必直接影响党的威望和形象，也就直接影响党与群众的关系。中国共产党的领导力离不开个体领导力，但决不是单个个体力量简单相加之和，而是大于个体力量简单相加之和的组织力量。我们党是按照马克思主义建党原则建立起来的，历来高度重视党的组织建设，形成了包括党的中央组织、地方组织、基层组织在内的严密组织体系。这是世界上任何其他政党都不具有的强大优势。加强党的组织体系建设，确保党中央有定于一尊、一锤定音的权威，党的地方组织在党中央决策部署贯彻落实上有令即行、有禁即止，党组坚决贯彻落实党中央和上级党组织决策部署，党的基层组织全面进步、全面过硬，每个党员特别是领导干部自觉做到思想上认同组织、政治上依靠组织、工作上服从组织、感情上信赖组织，中国共产党领导力定会倍增。因此，新时代中国共产党领导力的锻造，既要锻造个体领导力，更要锻造组织领导力。

第四，硬权力与软权力的统一。增强和实现党的领导力离不开对“硬权力”与“软权力”问题的认识与把握。马克斯·韦伯对于权力的经典定义是“将自己的意志加诸他人行为之上的能力”。在此定义中，权力无疑是一种强制力。而将权力划分为“软”和“硬”的思路，来自哈佛大学的约瑟夫·奈教授。他将“软权力”视为影响他人“自愿”行事的能力，以区别于传统的强制性“硬权力”。领导力究竟由什么构成？以往人们通常把领导力等同于硬权力。领导力与硬权力确实有密切关系，但硬权力仅仅是领导力的一种重要资源，而不是领导力的全部。新时代中国共产党领导力是硬权力与软权力的合力。硬权力是外在的、有限的，硬权力带来的只能是下级对上级的服从。硬权力不是万能的，但没有硬权力也不行，尤其是在全面深化改革的特定时期，没有硬权力，一切改革都难以推动，一切改革成果也都无法保障。而软权力是内在的、无限的，带来的是下属和群众发自内心的认同、拥护和支持。软权力源于崇高理想信念、先进价值理念、高尚道德品行、过硬作风、超群能力、丰富经验、超优绩效等多种因素。中国共产党自成立起就十分重视软权力，积累了很多宝贵经验。锻造新时代强大领导力，中国共产党更要正确处理好两类权力的关系，着重加强党的软权力建设，只有让软权力硬起来，硬权力才能更具信服力。

第五，久久为功与雷厉风行的统一。久久为功，意为要持之以恒，锲而不舍，驰而不息；雷厉风行，指执行政策法令严厉迅速。这两者看似对立，实则内在联系紧密。久久为功是谋好长远工作的战略定力，是“功成不必在我”的博大胸怀；雷厉风行是做好当前工作的方式方法，是高昂的蓬勃干劲。久久为功，重在“常”“长”。一件事不做则已，做则必做到底，做到最后胜利。就像挖井，一锹下去可能会遇到瓦砾，也可能会遇到岩石，但只要始终保持那么一种静气志气、痴劲钻劲，倾力深挖一口井，自有清泉涌出之日。雷厉风行，重在“抓紧”。俗话说，铁遇快刀软如泥。政策一经制定，措施一旦出台，就要出“快刀”，以披荆斩棘的勇气、勇往直前的毅力、雷厉风行的作风狠抓落实。中国共产党最善于久久为功，一张蓝图绘到底。从毛泽东提出中华民族“有自立于世界民族之林的能力”“将我国建设成为一个伟大的社会主义共和国”，到周恩来提出“建设四个现代化”，到邓小平提出“三步走”设计和党的十三大的“三步走”战略部署，再到习近平提出“两个一百年”奋斗目标和中华民族伟大复兴的中国梦，中国共产党人一棒接一棒地接续奋斗。悠悠万事，贵在落实。不狠抓落实，再好的目标愿景、决策部署只能是空谈。没有落实，什么事也干不成。轰轰烈烈开头，无声无息结束；虎头蛇尾，最终得不到好的效果。因此，中国共产党人又最讲究抓紧、抓落实。把久久为功和雷厉风行结合起来，既有谋划，又有落实，既常抓不懈，又抓紧快办，既抓战略，又抓战术，这是锻造新时代中国共产党强大领导力的重要要求。

以自强提升党的领导力

程冠军：冰冻三尺，非一日之寒；滴水穿石，非一日之功。逆水行舟用力撑，一篙松劲退千寻。中国共产党的领导力不是一天形成的，也不是一劳永逸的。新时代如何进一步增强和提升党的领导力？

冯秋婷：要把新时代坚持和发展中国特色社会主义这场伟大社会革命进行好，中国共产党一定要有新气象新作为，关键是要勇于进行自我革命，锻造与新时代相适应的中国共产党强大领导力。新时代中国共产党强大领导力的形成，根本途径就是勇于自我革命，不断地对党自身进行革命性锻造。

勇于自我革命，是我们党最鲜明的品格，也是我们党最大的优势。我们党百年历史证明，正是因为具有自我革命精神，我们党才能依靠自己的力量勘误纠错、革故鼎新、守正出新，不断由小到大、由弱到强。中国共产党作为一个长期执政的党，与西方多党制和三权分立的政治制度截然不同。西方相互制约的做法更侧重“他律”，而中国共产党更强调自律，自己认识自己的不足，自己监督自己，自己发展自己，这既遵循了马克思主义批判的革命的辩证法，也符合中国自省的历史文化传统，更是在开创从党情和国情出发寻求破解长期执政历史周期率困境的新路。中国共产党的伟大不在于不犯错误，而在于从不讳疾忌医，敢于直面问题，勇于自我革命，具有极强的自我修复能力。习近平总书记说过，我们党为什么能够在现代中国各种政治力量的反复较量中脱颖而出？为什么能够始终走在时代前列、成为中国人民和中华民族的主心骨？根本原因就在于始终保持了承认并改正错误的勇气，一次次拿起手术刀来革除自身的病症、解决自身的问题。这种能力既是我们党区别于世界上其他政党的显著标志，也是我们党长盛不衰的重要原因所在。

自我革命要有勇气，无私无畏。习近平总书记指出，我们党之所以有自我革命的勇气，是因为我们党除了国家、民族、人民的利益，没有任何自己的特殊利益。不谋私利才能谋根本、谋大利，才能从党的性质和根本宗旨出发，从人民根本利益出发，检视自己；才能不掩饰缺点、不回避问题、不文过饰非，有缺点克服缺点，有问题解决问题，有错误承认并纠正错误。

通过自我革命锻造新时代中国共产党强大领导力，要求我们不断深化全面从严治党。坚定不移推动全面从严治党向纵深发展，以永远在路上的执着把全面从严治党引向深入，不断进行自我净化、自我完善、自我革新、自我提高，毫不动摇地把党建设得更加坚强有力。开创党的建设新的伟大工程新局面的过程，就是锻造新时代中国共产党强大领导力的过程。只有把我们党建设好，建设得更加坚强有力，全党上下真正做到政治过硬、思想过硬、组织过硬、作风过硬、纪律过硬，在思想上、政治上、行动上高度统一，才能剑锋所指、应者万千，才能振臂一呼、八方云集，党才有强大的领导力。党的十八大以来，党中央作出全面从严治党的战略部署，以坚定决心、顽强意志加以推进，全面从严治党取得了显著成效，但还远未到大功告成的时候。我们党面临的“四大考验”“四种危险”是长期的、尖锐的，影响党的先进性、弱化党的纯洁性的因素也是复杂的，党内存在的思想不纯、政治不纯、组织不纯、作风不纯等突出问题尚未得到根本解决。同时，在新时代，随着经济社会的快速发展和体制改革的不断深化，新的形势、新的任务、新的考验、新的要求不断涌现，能力不足、“本领恐慌”的问题也会伴随着我们。我们必须增强忧患意识、责任意识，全面贯彻新时代党的建设总要求，不断提高党的建设质量，把党的伟大自我革命进行到底，确保中国共产党领导力不断有新的提高。

通过自我革命锻造新时代中国共产党强大领导力，增强学习本领非常重要。学习能力是指组织对外界变化具有自我调适的能力，是一个组织的基本生存能力。强大的学习能力和良好而富有成效的学习机制，对于增强新时代中国共产党领导力有着重要的促进作用，有助于提高党的各级组织的自我调适能力、自我纠错能力和自我提升能力，做到勇于变革、勇于创新，永不僵化、永不停滞，保证在复杂环境和条件下，能够经受住各方考验和挑战。这是中国共产党屡屡转危为安和力挽狂澜的重要原因。学习，已经成为中国共产党不断自我更新的发动机。正因为如此，习近平总书记强调“中国共产党人依靠学习走到今天，也必然要依靠学习走向未来”，党的十九大明确要求全党增强学习本领，并放在执政本领之首。对此，我们要有足够的认识，通过学习、学习、再学习，打造出新时代的“钢筋铁骨”，永葆共产党人的先进性，确保执政党政治过硬、本领高强。

百年大党如何领导和引领青年一代

——对话中国人民大学党委书记 靳诺

靳诺，中国人民大学党委书记，教授、博士生导师。主要从事马克思主义理论与思想政治教育工作研究。先后主持完成国家社科基金重大课题“高校加强马克思主义意识形态工作和大学生思想教育工作研究”，以及国家社科教育“十五”规划重大课题“高校大学生心理健康教育研究”，参与完成多项国家和省部级社科基金课题项目。著有《高校加强马克思主义意识形态工作和大学生思想教育工作研究》《高等学校知识分子思想政治工作的特点和规律》等学术论文30余篇，出版《大学德育工作通论》《新时期高校思想政治工作理论与实践》（合著）等著作。

中国共产党从成立那天起就肩负起实现中华民族伟大复兴的历史大任，中国共产党成立百年来，青年一代始终走在时代的前沿。中国共产党的成立有两个重要条件，一是俄国的十月革命，二是五四运动。十月革命一声炮响，给中国送来马克思列宁主义，五四运动给中国共产党的成立做了思想上和干部上的准备。2020年8月17日，习近平总书记致信祝贺全国青联十三届全委会全国学联二十七大召开时要求广大青年要“在矢志奋斗中谱写新时代的青春之歌”。中国共产党已经走过100年的辉煌历程，站在百年未有之大变局的时代关口，审视一个充满青春活力的百年大党，应如何增强党对青年一代的引领和领导力？

青年是党永葆生机的源头活水

程冠军：毛泽东把青年人比作早晨八九点钟的太阳。习近平总书记寄语青年学子：“青年的价值取向决定了未来整个社会的价值取向，而青年又处在价值观形成和确立的时期，抓好这一时期的价值观养成十分重要。这就像穿衣服扣扣子一样，如果第一粒扣子扣错了，剩余的扣子都会扣错。人生的扣子从一开始就要扣好。”您怎么理解两位领袖对青年一代的殷切期望？

靳诺：毛泽东、习近平对青年的寄语，体现了我们党对青年一以贯之的高度重视和亲切关怀。青年是国家和民族的未来，青年一代有理想、有本领、有担当，国家就有前途，民族就有希望。中华民族伟大复兴的中国梦，归根结底要在一代代青年的接续奋斗中实现。我们党始终站在党和国家事业薪火相传、后继有人的战略高度来看待青年。而青年本身又处在人生的特殊阶段，价值观念正在加速形成。习近平总书记把青年阶段比作人生的“拔节孕穗期”，这一时期最需要精心引导和悉心栽培，所以我们党对青年向来是坚持“严管”和“厚爱”相结合。既充分信任青年、热情关怀青年，又严格要求青年，强调加强教育引导、校准航向。习近平总书记要求全党全社会都要“做青年朋友的知心人、青年工作的热心人、青年群众的引路人”，就是要满腔热情地关心青年成长，帮助青年开好头、起好步，在人生的起步阶段就“扣好人生第一粒扣子”。

程冠军：正是在五四运动中成长起来的一批热血青年坚定

地选择了马克思主义，成为创立中国共产党的骨干和最早的一批共产党员。21 世纪以来，着眼于党的建设新的伟大工程，我们党更加注重对社会先进分子的培养和吸纳，而这些先进分子大部分是青年人。您怎么看这个问题？

靳诺：青年人思维活跃、精力充沛、眼界开阔，受到条条框框的束缚比较少，易于接受新鲜事物，是社会上最富活力、最具创造性的群体，往往走在时代的最前列，所以青年常常被看作时代发展的晴雨表，也是引风气之先的社会力量。我们党始终把青年看作推动历史进步的重要力量，这也是马克思主义青年观的一个基本观点。从历史上看，以五四运动为标志，首先觉醒起来、受到先进思想感召、投入革命洪流的就是青年。最早传播马克思主义、创建中国共产党的革命先驱都是青年。五四运动以来的 100 多年里，在中国革命、建设、改革的各个历史时期，中国青年都勇敢担负起了时代赋予的责任，发挥了生力军作用，创造了辉煌业绩。正如习近平总书记所说："无论过去、现在还是未来，中国青年始终是实现中华民族伟大复兴的先锋力量！"我们党立志于中华民族千秋伟业，必须始终代表青年、赢得青年、依靠青年，不断巩固和扩大党执政的青年群众基础。一代代青年自觉听党话、坚定跟党走，而且主动选择加入党的队伍中来，把青春献给党和人民的事业。这也是我们党历经百年风雨而永葆生机活力的源头活水。

程冠军：党的十九届四中全会通过的《中共中央关于坚持和完善中国特色社会主义制度、推进国家治理体系和治理能力现代化若干重大问题的决定》，把坚持马克思主义在意识形态领域指导地位作为我们党和国家的根本文化制度明确下来。在经济全球化、世界多极化、文化多元化的时代，大学生的思政教育如何引导青年学生爱上马克思主义？

靳诺：要引导青年学生爱上马克思主义，首先要让学生了解马克思主义，感受马克思主义的真理力量和思想魅力。判断一套学说或者一个理论体系是否仍具有价值，不在于它产生年代的远近，而在于其自身是否科学，在于其能不能解决人类社会遇到的问题。从这个意义上来看，马克思主义虽然创立于19世纪中叶，但从未过时。习近平总书记曾深刻指出，时代在变化、社会在发展，但马克思主义基本原理依然是科学真理。在人类思想史上，还没有一种理论像马克思主义那样对人类文明进步产生了如此广泛而巨大的影响。马克思主义深刻揭示了自然界、人类社会、人类思维发展的普遍规律，辩证唯物主义和历史唯物主义的科学世界观和方法论为我们认识世界、改造世界提供了强大思想武器。马克思主义基本原理教育始终是高校思政教育的重要内容。

马克思主义深刻改变了世界，深刻改变了中国。中国革命、建设、改革的一切成就，都是在马克思主义的指导下取得的，青年学生对此有目共睹。要善于引导学生思考伟大成就背后的深层次原因，从实践中深刻认识中国共产党为什么“能”、马克思主义为什么“行”、中国特色社会主义为什么“好”，引导学生深刻领悟马克思主义的真理力量，为学生成长打下科学思想基础。

引导青年学生爱上马克思主义，还要正确对待马克思主义。教育学生学习马克思主义基本原理，关键是要指导学生运用历史唯物主义和辩证唯物主义分析和解决问题，掌握“开锁”的本领。针对学生关心的热点问题和思想困惑，要善于引导学生从马克思那里找答案，在拨云见日的过程中，让学生感受到马克思主义距离我们并不遥远。邓小平说过，马克思主义是很朴实的东西，很朴实的道理。我们要让学生感受到马克思主义不是晦涩难懂、神秘玄奥的，而是可亲、可爱、可敬、可信的。在此基础上，引导学生走近马克思、亲近马克思、爱上马克思和马克思主义。

引导青年学生爱上马克思主义，当前最重要的一项工作是要加快推进习近平新时代中国特色社会主义思想进教材、进课堂、进学生头脑，增强马克思主义的时代感。习近平新时代中国特色社会主义思想，是引领中国、影响世界的当代中国马克思主义、21 世纪马克思主义，是新时代中国共产党的思想旗帜和精神旗帜，是最鲜活的马克思主义。要抓紧做好教材使用、教案编写、教师培训、研究阐释等工作，把学习习近平新时代中国特色社会主义思想同学习马克思主义基本原理结合起来，同学习党史、新中国史、改革开放史、社会主义发展史结合起来，坚持用党的创新理论铸魂育人。

思政课为青年学子培根铸魂

程冠军：当下，青年一代与大学生几乎成了等量群体。新形势下，如何更好地教育引导青年学子，成为我们党思想政治工作的重中之重。您是这样认为的吗？

靳诺：我们党一贯高度重视思想政治工作，从来都把思想政治工作看作一切工作的生命线。这也是我们党的优良传统和独特优势，做好青年学生的思想政治工作是其中的重要方面。这个问题可以从两个方面来认识：一方面，我国已经建成了世界上规模最大的高等教育体系，即将由高等教育大众化阶段进入普及化阶段。2019年我国在校大学生规模已经达到4 000多万人，从绝对数量上来看，当代青年最主要集中在高校，各级各类学校特别是高校成为青年工作的一个重要阵地，高校青年成为整个青年群体的基本盘。另一方面，高校本身就是意识形态传播、研究、交锋的重要场所，青年学生思想活跃、知识密集，特别是这一代大学生成长在思想文化相互激荡、价值观念多元多样、传播格局和舆论生态深刻变化的时代背景下，面对当今世界百年未有之大变局，往往会不可避免地出现一些困惑、彷徨甚至错误认识，这是在特定年龄段可能产生的局限，必须加以教育引导。可以说，青年学生的思想政治工作做得怎么样，直接关系到我们能不能培养出一代又一代拥护中国共产党领导和我国社会主义制度，立志为中国特色社会主义奋斗终生的有用人才。从这个意义上讲，这确实是一项具有源头性、基础性、战略性地位的固本工程、铸魂工程。

程冠军：新时代应该如何做好青年学生的思想政治工作呢？

靳诺：党的十八大以来，习近平总书记高度重视高校思想政治工作，提出了一系列重要论述，作出了一系列重大部署，为我们指明了前进方向、提供了根本遵循。做好青年学生的思想政治工作，最根本的就是要落实立德树人根本任务，遵循思想政治工作规律、教书育人规律、学生成长规律，回答好培养什么人、怎样培养人、为谁培养人这个根本问题，努力培养德智体美劳全面发展的社会主义建设者和接班人。

从工作阵地来讲，要发挥好思政课的主渠道作用，统筹思政课程和课程思政。课堂是教书育人的主阵地，也是学生接受知识、塑造价值的主阵地。要推动习近平新时代中国特色社会主义思想进课堂、进教材、进头脑，通过改革创新不断增强思政课的思想性、理论性和亲和力、针对性，提高思政课的“抬头率”“点头率”。要深化课程思政改革，破除思政教育和其他专业教育“两张皮”的现象，深入挖掘课程思政元素，有机融入课程教学，将价值塑造、知识传授和能力培养融为一体，让所有课程都能守好一段渠，种好责任田，与思政课同心同向、协同育人。

从工作格局上来讲，要加快构建全员全方位全过程育人的体制机制。“不忘初心、牢记使命”，落实到教育领域，就是要坚持为党育人、为国育才。高校要突出育人导向，把学校各方面的育人资源和育人力量都聚焦到立德树人这个中心环节上来，把各项工作的目标都落实到提升育人实效上来，真正把润物无声的思想政治工作做在日常、做到个人，融入办学治校各领域、教育教学全过程、人才培养各方面，使思想政治工作体系贯通学科体系、教学体系、教材体系、管理体系，形成“大思政”工作格局。

从工作方法上来讲，要善于做到因事而化、因时而进、因势而新。思想政治工作是做人的工作，切忌死板硬套、空洞说教，要善于从各类事件、事理、事实出发，紧贴时代发展脉搏，抓住活思想和新问题，聚焦世界发展新趋势、国家发展新形势、学生成长新态势，紧密结合青年学生的思想特点和现实需求，积极推进思维理念、运行模式、指导方式、方法手段的变革创新，把道理融入当下发生的热点和学生感兴趣的事件，在这个过程中引导学生找到对谁用心、在哪用情、如何用力、做什么样的人的青春答案。

程冠军：思政课是做好青年学生思想政治工作的主要途径和手段。如何使大学的思政课既让学生喜闻乐见，又能够立德树人、培根铸魂？

靳诺：思政课是巩固马克思主义在高校指导地位、坚持社会主义办学方向的重要阵地，也是落实立德树人根本任务的关键课程。2019 年 3 月 18 日，习近平总书记在学校思想政治理论课教师座谈会上提出，思政课要坚持政治性和学理性相统一、价值性和知识性相统一、建设性和批判性相统一、理论性和实践性相统一、统一性和多样性相统一、主导性和主体性相统一、灌输性和启发性相统一、显性教育和隐性教育相统一。这“八个统一”的要求为深化思政课改革创新，不断增强思政课的思想性、理论性和亲和力、针对性，提供了重要的方法论原则。

思政课既具备一般课程的普遍特点，又有其自身的特殊规律，既要传授知识，又要引领价值、培根铸魂。思政课的突出特点是具有鲜明的意识形态属性。思政课决不能淡化政治性、理论性，必须要牢牢把握立德树人根本任务，理直气壮用马克思主义中国化的最新成果铸魂育人，以透彻的学理分析启迪学生，以彻底的思想理论说服学生，用真理的强大力量引导学生，彰显出应有的思想深度和理论魅力。

思政课具有很强的实践性，必须把握时代脉搏，走在时代前列，体现时代精神，让学生有切身体会、有情感共鸣。思政课教学要符合学生认知特点和接受能力，改革话语体系、创新方式方法、丰富内容形式，善于运用新媒体新技术，让学生喜欢听、听得懂、听得进，使课堂教学“实”起来、“活”起来、“强”起来，推动从“入口入脑”向“入脑入心”转变，让教师喜欢、学生受用。

上好思政课，关键在教师。如果教师上课时总是照本宣科，枯燥乏味，“涛声依旧”，就不可能受到学生欢迎。讲好思政课很不容易，对教师在政治上、业务上都提出了很高的要求。“经师易求，人师难得”，思政课教师要对照“政治要强、情怀要深、思维要新、视野要广、自律要严、人格要正”的要求，积极探索思政课教学的内在规律，创新教学活动的方式和手段，提高教书育人水平，不断增强思政课的吸引力和感染力。思政课教师要善于走进学生的内心世界，直面学生的思想困惑，找准“心结”所在，解开思想“疙瘩”，让思政课更好满足学生的期待和诉求。中国人民大学依托学科优势组建北京高校思想政治理论课高精尖创新中心，探索思想政治理论课改革，取得了很好的效果。

用“四力”引领感召凝聚服务青年

程冠军：习近平总书记特别关注青年一代的成长，他多次到高校视察并与青年学子交谈、给学生回信等。在党的十九大报告中，习近平总书记对青年一代提出的要求和希望更加鼓舞青年一代。面临世界百年未有之大变局，面对百年大党永葆基业长青的新征途，您认为，我们党应该如何增强对青年一代的领导力？

靳诺：青年工作，抓住的是当下，传承的是根脉，面向的是未来，攸关党和国家前途命运。我们党自成立之日起就把青年工作作为党的一项重要工作。2017 年出台的《中长期青年发展规划（2016—2025 年）》中第一次明确提出“党管青年”原则，这是坚持和加强党的全面领导这个根本原则在青年工作领域的具体展开，进一步凸显我们党加强对青年和青年工作领导的高度自觉。要增强我们党对青年一代的领导力，就是要坚定不移把“党管青年”原则落到实处，不断增强青年对党的信心、信任、信赖，使青年始终成为党执政的坚定支持者、党的科学理论的坚定信仰者、党的伟大事业的坚定追随者。

要增强对青年的思想引领力。人的思想不可能处在真空状态，正确的思想不去占领，错误的思想就一定会占领。“只有思想上精神上的吸引力和凝聚力，才是内在的强大的持久的。”要强化习近平新时代中国特色社会主义思想理论武装，以符合青年接受能力和认知特点的话语体系和传播方式，把党的科学理论的内在逻辑讲清楚，把党的主张传递给青年，不断增强说服力、感染力，唤起青年内心深处的情感认同和理性认同，筑牢青年听党话、跟党走的思想根基。

要增强对青年的事业感召力。中国特色社会主义的前景无限美好，要在一代代青年接续奋斗中成为现实。要用伟大的目标感召青年，用光明的未来激励青年，鼓励和支持青年在伟大事业中争当弄潮儿，发挥生力军和突击队作用，为青年一代干事创业、追梦圆梦创造条件，引领青年把“小我”融入“大我”，在为祖国和人民的事业不懈奋斗中实现自己的人生价值，增强青年一代与党和人民同呼吸、共命运、齐奋斗的行动自觉。

要增强对青年的组织凝聚力。群众组织力是党的领导能力的重要体现，把青年有效组织起来，才能更好地凝聚青年意志、汇聚青年力量。共青团是党联系青年的桥梁和纽带，肩负着为党团结青年、凝聚青年、引领青年的重要职责，要适应当代青年分布多元、流动性强的特点，进一步扩大组织覆盖、健全动员机制。要发挥青联组织的政治吸纳功能，关注新兴青年群体，不断增强代表性和广泛性。要加强对各种青年社会组织的联系、引导、管理，把青年社会组织凝聚起来，共同描绘青年团结奋斗的同心圆。

要增强对青年的政策服务力。青年往往在成长发展方面会遇到一些现实困难，存在一些突出需求，需要有针对性地加以解决。要以落实《中长期青年发展规划（2016—2025年）》为抓手，落实“青年优先发展”理念，千方百计为青年排忧解难，拿出关心青年成长、促进青年发展的实实在在的政策举措，形成有利于青年发展的工作格局、政策体系和制度保障，不断增强青年的获得感，让青年感受到党的温暖关怀，更好地争取青年、赢得青年。

程冠军：谈到青年一代，我们就会联想到青年楷模习近平。通过《习近平的七年知青岁月》一书、长诗《你从梁家河走来》等作品，可以走近习近平的七年知青岁月，让青年学子走进梁家河，学习和探寻习近平总书记世界观、人生观、价值观的形成，以及他“要为人民做实事”的初心。您认为，应该如何在青年学生中开展这方面的教育？

靳诺：习近平总书记在回忆知青岁月时曾说，陕北七年生活最大的收获有两点，其中之一就是懂得了什么叫实际，什么叫实事求是，什么叫群众。青年习近平经过在农村的艰苦磨炼，摸爬滚打，扎根基层，融入群众，真正与群众同甘共苦，倾听群众心声，与人民群众建立起血脉联系，也从此形成了鲜明的人民立场和深厚的人民情怀，确立了为人民做实事的初心。今天的青年学生物质条件普遍比较优越，成长环境单一、教育背景单纯，在象牙塔里待得太久，容易不同程度出现“自视过高”、不接地气等现象，甚至在一些学生中出现了轻视劳动、看不起普通劳动者、瞧不上基层工作等错误观点，迫切需要加强对青年学生的群众观点、群众立场教育。

通过理论学习启示青年。青年学生不可能自发地树立群众观点，必须进行系统的理论教育。群众观点是历史唯物主义的基本观点，要通过讲好思政课，结合“四史”教育，引导学生正确认识人民群众是历史的创造者，进一步加深对我们党全心全意为人民服务的根本宗旨和以人民为中心的发展思想的理解。

通过实践锻炼启发青年。实践是最好的课堂，群众是最好的老师。青年学生要经常走出校门、深入生产生活第一线，在理论和实践相结合中感受人民群众的创造能力和聪明才智，树立向群众学习的意识。要重视发挥劳动教育的功能，培育劳动精神，引导青年学生在劳动中体会快乐，建立与劳动人民的朴素情感。我校每年组织学生参加“千人百村”社会实践，引导学生扎根中国大地、体悟家国情怀、锤炼意志品质，指导学生在参与社会实践的过程中形成理论联系实际的态度和脚踏实地服务人民的作风，鼓励学生真正践行“立学为民、治学报国”的宗旨理念。

通过价值培育启迪青年。要引导青年学生把依靠群众、服务群众的价值观念贯穿到学术研究、职业选择、人生规划各个方面，鼓励学生“为人民做学问”，从人民群众的实践创造中汲取智慧、把论文写进群众心里。引导学生在艰苦边远地区和基层一线建功立业，让青春之花绽放在党和人民最需要的地方。

程冠军：青年一代既是追梦逐梦的一代，也是为中华民族伟大复兴筑梦造梦的一代。您认为，青年学子应如何成为实现中华民族伟大复兴中国梦的生力军？

靳诺：习近平总书记先后在不同时间、不同场合，围绕青年一代如何成长为实现中华民族伟大复兴中国梦的生力军提出了一系列重要论述。从“坚定理想信念、练就过硬本领、勇于创新创造、矢志艰苦奋斗、锤炼高尚品格”的“五点希望”，到“勤学、修德、明辨、笃实”的“八字真经”；从“志存高远、德才并重、情理兼修、勇于开拓”的“十六字诀”，到“爱国、励志、求真、力行”的“四点要求”，再到“树立远大理想、热爱伟大祖国、担当时代责任、勇于砥砺奋斗、练就过硬本领、锤炼品德修为”的“六点希望”。这些重要论述，体现了对青年成长规律的深邃洞察和对自身成长历程的深刻总结，为青年送上了一部“成长指南”，揭示了青年成长成才的必由之路。在这些重要论述中，我认为有几个关键词贯穿始终。

一是理想信念。理想指引人生方向，信念决定事业成败，青年理想远大、信念坚定，是一个国家、一个民族无坚不摧的前进动力。从这个意义上讲，坚定理想信念，无论是对于自身成长成才，还是对于国家和民族的未来，都具有极端重要性。理想信念是对青年人第一位的要求，青年学子要坚定理想信念，关键是要汲取真理的力量，更加自信自觉、笃定笃行地践行习近平新时代中国特色社会主义思想，在各种风险考验中保持定力、擦亮初心。

二是家国情怀。青年学子正处在中华民族走向伟大复兴的最好时期，这是千载难逢的历史际遇，必须认真思考在实现“两个一百年”奋斗目标的历史进程中扮演什么角色、承担什么使命、发挥什么作用、怎么发挥作用的问题。在历史的大坐标中找准人生的小坐标，勇敢肩负起“强国一代”的历史重任，同人民一道拼搏、同祖国一道前进，始终与人民同心同向、与时代同频共振，在爱国奉献中书写出彩人生，使最深厚的家国情怀成为最鲜亮的青春底色。

三是发奋成才。梦想从学习开始，事业靠本领成就。青年学子正处在学习的黄金期，应当把学习作为首要任务，作为一种责任、一种精神追求、一种生活方式。学习是进步的阶梯，实践是成长的良师，青年学子既要读好“有字之书”，又要读好“无字之书”，要下一番苦功夫，修好“心学”，练好“内功”，不断提高与时代发展和事业要求相适应的素质和能力，以真才实学服务人民，以创新创造贡献国家，用扎实的本领才干托举青春梦想。

四是高尚品格。价值观作为最持久、最深沉的精神力量，在青年成长过程中具有基础性、根本性、引领性作用，青年的价值取向决定了整个社会的价值取向。青年学子要“扣好人生第一粒扣子”，主动以社会主义核心价值观固本培元，内化为精神追求，外化为实际行动，从中华优秀传统文化、革命文化和社会主义先进文化中汲取养分，升华思想觉悟，提高道德水准、文明素养，追求更有高度、更有品位、更有境界的人生。

让红色基因在大学传承验证

程冠军：治理现代化语境下，大学的发展也由管理时代进入治理时代。大学既肩负着为党和国家事业培育治理现代化人才的使命，也有自身推进治理体系和治理能力现代化的责任。您认为，应如何推动大学从管理到治理的变革？

靳诺：建立和完善中国特色现代大学制度、推进大学治理体系和治理能力现代化，是推进国家治理体系和治理能力现代化的重要内容。大学从管理到治理的变革，实际上是要理顺高校和政府、高校和社会、高校党委和行政等多元主体之间的关系，优化和完善高校运行机制，为更好落实立德树人根本任务提供制度保障。

要建立“政府宏观管理、学校自主办学、社会广泛参与”的高校外部治理体系，正确处理政府与高校的关系，深入推进管、办、评分离。要合理规划和配置教育行政机关的职能和权限，转变政府管理和监督高校的方式，由直接的行政命令转变为主要依靠法律、规划、拨款、评估、行政等手段，落实高校办学自主权，落实高校法人地位。

要完善高校内部治理结构，落实党委领导下的校长负责制。党委领导下的校长负责制，是中国大学的根本领导管理体制，是中国特色现代大学制度的核心。要按照民主集中制原则处理好党委领导和校长负责的关系，落实高校党委的领导核心地位，健全“党委领导、校长负责、教授治学、民主管理”的机制。完善学术委员会制度，发挥其在学术评价、学术决策中的作用。完善校院二级治理体系，发挥院系积极性。

要培育健康向上的大学文化，为建设现代大学制度提供文化支撑。高校要以培育和践行社会主义核心价值观为统领，加强校园文化建设，注重从学校的办学特色、历史传承、理念文化中总结和凝练办学理念和大学精神，形成良好的师德师风、教风学风，抵制功利主义、浮躁之气的侵袭，守护好大学的精神家园。要充分发扬学术民主，倡导百家争鸣，以宽松、开放的学术氛围滋养学术创新和智力成果，使优秀人才不断涌现出来。

程冠军：中国人民大学的校训与中央党校同为“实事求是”。这也充分印证了中国人民大学是一个传承红色基因的著名学府。习近平总书记指出“红色基因是要验证的”，并强调要“做好红色基因的传承和传播”。请您谈谈中国人民大学是如何传承和验证红色基因的，新时代应如何进一步加强对红色基因的传承。

靳诺：中国人民大学的前身是1937年诞生在抗日烽火中的陕北公学以及后来的华北联合大学、华北大学。1950年，在华北大学基础上正式命名组建中国人民大学，成为中国共产党亲手创办的第一所新型正规大学。习近平总书记在致中国人民大学建校80周年的贺信中，充分肯定学校“始终坚持党的领导，坚持马克思主义指导地位，坚持为党和人民事业服务”。这是对中国人民大学与生俱来的红色基因和鲜亮办学底色的高度凝练和概括。我们要按照习近平总书记的要求，坚持立德树人，遵循教育规律，弘扬优良传统，扎根中国办大学，让红色基因代代相传。

传承红色基因，必须加强党的全面领导，努力办好中国特色社会主义大学。中国人民大学的历史，就是党领导创办高等教育的一个缩影，学校 80 多年的办学治校实践为探索建立中国特色社会主义高等教育模式作出了特殊、重要的贡献。我国高校普遍采用的三种重要制度体系和管理模式——党委领导下的校长负责制、思想政治工作制度、教研室制度，均与中国人民大学有着直接关联。中国人民大学要牢牢把握社会主义办学方向，把党的领导和党的建设贯穿管校治校的全过程和各环节，全面加强和改进思想政治工作，为建设中国特色、世界一流大学提供坚强政治保证。

传承红色基因，必须落实立德树人根本任务，筑牢思想政治工作生命线。思想政治工作事关培养什么人、怎样培养人、为谁培养人这个根本问题，必须贯穿教育教学全过程，形成高水平的思想政治工作体系。中国人民大学的校史中蕴含着丰富的红色元素，是我们做好思想政治工作的宝贵素材和资源。近年来学校编排原创话剧《吴玉章》、实施“红船领航”党员先进性熔铸计划、开展“寻根人大青年行”主题社会实践等活动，取得了明显育人实效。

传承红色基因，必须扎根中国大地办大学，努力用中国理论回答中国问题。中国人民大学要发扬“立学为民、治学报国”的办学宗旨，坚持“人文社会科学领域独树一帜”的办学特色，突出在马克思主义教学与研究领域的独特优势，更好地发挥人文社会科学认识世界、传承文明、创新理论、资政育人、服务社会的功能；植根时代沃土、服务国家发展，努力建设高水平的思想库和智囊团，为国家改革发展提供理论保证和智力支持，为繁荣具有中国特色、中国风格、中国气派的哲学社会科学贡献中国人民大学的智慧。

后记

大党引领　大道远行

中国特色社会主义进入新时代，意味着近代以来久经磨难的中华民族迎来了从站起来、富起来到强起来的伟大飞跃。建立中国共产党、成立中华人民共和国、推进改革开放和中国特色社会主义事业，是五四运动以来我国发生的三大历史性事件，是近代以来实现中华民族伟大复兴的三大里程碑。本书之所以选择站起来、富起来、强起来“三个伟大飞跃”作为三个篇章的标题，既是出于内容分类的需要，更是出于对百年大党新征程的思考。站在“中华民族伟大复兴的战略全局”和“世界百年未有之大变局”两个大局的历史交汇点上，回望中国共产党走过的百年岁月，我们发现，中华民族之所以能够实现和迎来从站起来、富起来到强起来的“三个伟大飞跃”，关键在于“建立中国共产党、成立中华人民共和国、推进改革开放和中国特色社会主义事业”这“三大里程碑”。可以说，正是“三大里程碑”奠定和助推了“三个伟大飞跃”。这也是《大道》所讲述的道理。

伟大复兴的历史起点

1840 年这个历史节点既是中华民族饱受屈辱的开始，也是中华民族伟大复兴的历史起点。1840 年第一次鸦片战争，1856 年第二次鸦片战争，1894 年甲午战争，1900 年八国联军侵华战争，这期间还发生了中法战争。五场战争之后，旧中国这个主权国家被西方列强瓜分豆剖，中国人成了亡国奴，从此中华民族开始积贫积弱。但中华民族是一个不屈不挠的民族，虽然我们陷入了任人宰割的悲惨境地，但我们的民族精神一直生生不息。从那时起，中华民族的仁人志士就燃起了中华民族伟大复兴的不灭灯火。梁启超最早提出“中华民族”的概念，民国政治家张君劢在“中华民族”后面又加了“复兴”两个字，这就是“中华民族复兴”一词的由来。谈到中华民族伟大复兴还有一个更关键的人物，这就是中国民主革命的先行者孙中山。孙中山一生有两大贡献：一是他领导的辛亥革命推翻了 2 000 多年的封建帝制，成立了中华民国临时政府；二是他提出了“振兴中华”之目标。“振兴中华”这个口号到今天依然没有过时。近代以来，一代又一代中华儿女为振兴中华前赴后继、接力奋斗。“中华民族复兴”“振兴中华”都是中华民族伟大复兴早期的代名词。在那个时期，不仅仅是孙中山，一大批仁人志士都在为实现中华民族伟大复兴而艰辛探索。如毛泽东在青年时期就在作文《心之力》中立下了“创中华新纪之强国，造国民千秋之福祉；兴神州万代之盛世，开全球永久之太平”的宏愿。正是有了这个宏愿，激励他成为中国共产党的创始人之一和主要领袖，他的一生都在为实现这个宏愿而奋斗。再如周恩来在少年时代就提出“为中华之崛起而读书”，他在 19 岁东渡日本时写下了著名的《大江歌罢掉头东》：“大江歌罢掉头东，邃密群科济世穷。面壁十年图破壁，难酬蹈海亦英雄。”赴日本之前，他途径沈阳，为他的小学同学写下了这样的临别“预言”：愿相会于中华腾飞世界时。周恩来人生的这三个篇章，就是为中华民族伟大复兴的追梦过程：“为中华之崛起而读书”，复兴之梦在心中启航；《大江歌罢掉头东》描绘中华民族艰难的追梦过程；“愿相会于中华腾飞世界时”，中华民族伟大复兴得以实现。

孙中山、毛泽东、周恩来等都是复兴之路上引领中华民族伟大复兴的杰出代表。在 100 多年追梦路上，还有许许多多的仁人志士和革命先烈，他们都为中华民族伟大复兴写下了可歌可泣的英雄史诗和荡气回肠的千古绝唱。

历史为什么选择中国共产党

在清末到民国的历史舞台上，各种思潮风起云涌，各种党派林立并起，但最后真正承载起实现中华民族伟大复兴历史重任的杰出代表却是中国共产党。为什么这个历史重任落在了中国共产党人的肩上？回放那段历史我们看到，旧中国的国门被打开之后，随着西方思潮的进入，中国社会新旧思想的碰撞不断加剧，这时候比较有代表性的思潮和派别有以慈禧太后为代表的保守派，保守派的结果是断送中国，使中国人成了任人宰割的“东亚病夫”。这时候则出现了以曾国藩、左宗棠、李鸿章、张之洞等为代表的洋务派，洋务派“师夷长技以制夷”，向西方学习富国强兵之路，在中国兴起洋务运动，在洋务运动中建成亚洲第一大海军——北洋水师。然而，随着1894年甲午战争的隆隆炮声，北洋水师全军覆没，洋务派破产了。这时候，中国的仁人志士清醒了，他们认为，中国的问题不仅仅是武器的问题，还有思想的问题，于是就出现了以康有为、梁启超、谭嗣同包括光绪皇帝在内的变法维新派，变法维新派的结局是：百日维新以失败而告终，“六君子”喋血北京菜市口，变法派被保守派扼杀了。这时候又出现了以孙中山为代表的旧民主主义革命派，也被称为资产阶级民主革命派，孙中山领导的旧民主主义革命推翻了2 000多年的封建帝制，成立了中华民国临时政府，然而，辛亥革命的胜利果实很快就被以袁世凯、张勋等为代表的复辟派窃取了，复辟派窃取了辛亥革命的胜利果实之后，中国进入了北洋军阀时期，北洋军阀16年间，换了14个总统，换了30余届政府内阁，打了300余场内战，整个中华大地狼烟四起、军阀割据、民不聊生……至此，中华民族的命运到了历史最低点。

各种思潮和党派，你方唱罢我登场，各领风骚一两年。整个中国陷入了国将不国、家将不家、生灵涂炭的可怜境地，中华民族的美好梦想也就此成为歧路亡羊。对于当时的中国，毛泽东在1950年10月写给柳亚子的《浣溪沙》中这样形容："长夜难明赤县天，百年魔怪舞翩跹。"在旧中国的历史舞台上，各种派别和思潮粉墨登场之后，都以失败而告终。

历史有它的偶然性，但更多的是必然性。第一次世界大战结束之后，1919年巴黎和会上中国外交失败，为了捍卫主权，五四运动爆发了。五四运动为中国共产党的成立带来了思想上和干部上的准备。此前的1917年，俄国爆发了十月革命，十月革命一声炮响，给中国送来了马克思列宁主义。这两大历史事件促进了1921年中国共产党的正式成立。只有真正了解清末这段历史，我们才会明白，为什么中国不能搞资本主义，不能搞自由主义，不能搞无政府主义，不能搞君主立宪，不能搞两党制、多党制等，因为这些主义、思潮和党派在旧中国的历史舞台上都已经上演过了，最终都失败了。为什么失败？因为中国的土壤和文化不适合它们，中国的国情不适合它们。谁来拯救中华民族于水火？这个历史担当就交给了中国共产党。这是历史的选择、时代的选择、人民的选择。

新中国成立让中华民族实现站起来

谈起中国梦，有四个历史人物我们不能忘记，他们分别是孔子、孙中山、毛泽东、邓小平。作为儒家学派的创始人，孔子早在春秋时期就构筑了中华民族的美好梦想，提出了“大同”和“小康”的概念。2 000 多年来，在儒家思想的影响下，一代又一代中华民族的仁人志士为中华民族的美好梦想不懈求索，创造了灿烂的中华文明。近代以来，在中华民族的美好梦想被西方列强的坚船利炮击碎之后，孙中山领导的辛亥革命推翻了 2 000 多年的封建帝制，并响亮地提出振兴中华之目标。孔子和孙中山都是中华民族美好梦想的追求者，虽然他们没有直接提出中华民族伟大复兴的中国梦，但是他们的历史贡献不可磨灭，因为他们的奋斗为中国梦奠定了坚实的基础。

以毛泽东同志为主要代表的中国共产党人把马克思主义普遍真理与中国革命的具体实践相结合，创立了毛泽东思想。在毛泽东思想指引下，中国共产党领导全党全国各族人民经过 28 年艰苦卓绝的斗争，推翻了“三座大山”，打败了日本侵略者，赶跑了国民党反动派，建立了新中国，使中华民族站起来了。

毛泽东是中国社会主义道路的开创者，没有中国社会主义道路，就没有中国特色社会主义道路。毛泽东是第一位成功地把马克思主义中国化的思想巨人，实现了马克思主义中国化的第一次飞跃，正是这次飞跃产生了毛泽东思想。

改革开放让中华民族实现富起来

实现中华民族伟大复兴的中国梦要坚持中国道路，离开了中国道路，中国梦就成了无源之水、无本之木。中国道路就是中国特色社会主义道路。邓小平是中国特色社会主义道路的开创者。邓小平在我们党粉碎“四人帮”之后，支持和领导真理标准问题大讨论，纠正“文化大革命”的错误，实现拨乱反正，使我们走向改革开放之路。他主持起草《关于建国以来党的若干历史问题的决议》；提出让一部分人、一部分地区先富起来，最后走向共同富裕；推行家庭联产承包责任制，包产到户；提出设立经济特区，让“特区”去闯，去实验；提出社会主义初期阶段理论和党的基本路线；发表南方谈话；建立社会主义市场经济体制。自1978年以来，邓小平接过了共产党人带领中华民族逐梦的接力棒，在继承马克思列宁主义、毛泽东思想的基础上，运用改革开放理论使中国走向了改革开放的伟大历史征程，在改革开放的实践探索中形成了邓小平理论。邓小平再次成功地把马克思主义中国化，实现了马克思主义中国化的第二次飞跃。邓小平理论经过以江泽民同志为核心的党的第三代中央领导集体和以胡锦涛同志为总书记的党中央的创新和发展，先后形成了“三个代表”重要思想和科学发展观等重大战略思想，并由此形成了中国特色社会主义理论体系。历史雄辩地证明：只有社会主义才能救中国，只有中国特色社会主义才能发展中国，才能实现中华民族伟大复兴。

新时代让中华民族迎来强起来

党的十八大以来，以习近平同志为核心的党中央带领全党全国人民，在治党治国治军、内政外交国防、改革发展稳定等多个领域推行了一系列重大改革，全面深化改革、全面推进依法治国、全面从严治党、全面建成小康社会，攻克体制机制上的顽瘴痼疾，突破利益固化的藩篱，进一步解放和发展社会生产力，进一步激发和凝聚社会创造力，着力增强改革系统性、整体性、协同性，使改革取得重大突破。经过五年砥砺奋进，解决了许多长期想解决而没有解决的难题，办成了许多过去想办而没有办成的大事，推动党和国家事业发生历史性变革、取得历史性成就，世界上终于有了中国声音、中国道路、中国方案、中国智慧，中国也越来越走近世界舞台的中央。正是在这个特定的历史方位上，党的十九大郑重宣告：经过长期努力，中国特色社会主义进入新时代。“三大里程碑”助推“三个伟大飞跃”，我们迎来的新时代是中华民族强起来的新时代。中国特色社会主义进入新时代，中华民族复兴之路的路线图越来越清晰，中华民族伟大复兴的中国梦离我们也越来越近了。

党的十九大提出和确立了习近平新时代中国特色社会主义思想。习近平新时代中国特色社会主义思想是中国特色社会主义理论体系的重要组成部分，是马克思主义中国化的最新理论成果，是21世纪马克思主义，是中国特色社会主义进入新时代我们党最新的指导思想，也是我们必须长期坚持和不断发展的指导思想。在习近平新时代中国特色社会主义思想的指引下，以习近平同志为核心的党中央坚持不忘初心、牢记使命，坚持和加强党的全面领导，坚持以人民为中心，坚持和完善中国特色社会主义制度，推进国家治理体系和治理能力现代化，推动全面深化改革实现新突破，决胜全面建成小康社会、决战脱贫攻坚，谱写了新时代中国特色社会主义新篇章。

党的十九大以来，党中央以深化党和国家机构改革为突破口，坚持和完善中国特色社会主义制度、推进国家治理体系和治理能力现代化，全面小康梦圆，“四个全面”更新，开启了全面建设社会主义现代化国家新征程。

长风破浪会有时，直挂云帆济沧海。历史已经证明，中华民族站起来、富起来、强起来的脚步不可阻挡！历史也必将证明，中华民族走向伟大复兴的脚步依然不可阻挡！中国特色社会主义道路是一条改变中国人民和中华民族命运的康庄大道，这条康庄大道将会越走越宽广。当然，前进的道路并不都是一帆风顺的，我们既要踏平坎坷成大道，又要斗罢艰险又出发。“虽然我们已经走过千山万水，但仍需不断地跋山涉水。”我们要以习近平新时代中国特色社会主义思想为行动指南，紧密地团结在以习近平同志为核心的党中央周围，增强“四个意识”、坚定“四个自信”、做到“两个维护”，统揽伟大斗争、伟大工程、伟大事业、伟大梦想，沿着中国特色社会主义伟大道路奋勇前进。

《大道》所讲述的是中国道路的中国道理，中国道路和中国道理也是构建人类命运共同体的大道。

为了讲好中国道路和中国共产党领导力的故事，自 2018 年以来，我在我所主持的《中国领导科学》杂志《高端访谈》专栏发表了对高级领导干部和著名理论家的采访文章，这些文章深受中央党校学员和各级领导干部及广大读者的喜爱。本书所收录的内容主要选自这些采访文章。本书的篇章安排没有按照受访者的职务和资历排序，而是按照党和国家事业发展的历程对文章进行分类安排。在此，我谨向接受我采访并支持本书出版的15位领导和理论家致以崇高的敬意！向我所供职的中国领导科学研究会，及旗下的《中国领导科学》杂志、中国领导网、中国领导力新媒体的领导和同事们表示衷心的感谢！同时还要感谢关心和支持我的中共中央党校（国家行政学院）的领导和老师们，感谢本书的编辑所付出的辛勤努力！

大道不孤，大德日生。

大党引领，大道远行。

程冠军

2021年1月

于北京大有庄100号院自得园